POÉSIES

DE

PROSPER BLANCHEMAIN

TOME TROISIÈME

IDEAL

PARIS

AUGUSTE AUBRY

L'un des Libraires de la Société des Bibliophiles François

RUE DAUPHINE, 16

M D CCC LXVI

POÉSIES

DE

PROSPER . BLANCHEMAIN

III

IMPRIMÉ

PAR

ARISTIDE GOUVERNEUR

A NOGENT-LE-ROTROU

ET TIRÉ A 500 EXEMPLAIRES

SAVOIR

Papier de Chine. . . . 10
Papier de couleur . . . 10
Papier de Hollande. . . 30
Papier vergé 150
Papier vélin 300

IDÉAL

PAR

PROSPER BLANCHEMAIN

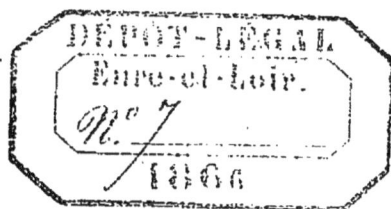

PARIS

AUGUSTE AUBRY

L'un des Libraires de la Société des Bibliophiles François

RUE DAUPHINE, 16

——

M D CCC LXVI

1866

IDÉAL.

TOUJOURS TOI !

A MARIE DÉSIRÉE.

Toujours toi ! toujours je t'aime
D'un égal et pur amour ;
Je suis et serai le même
Jusques à mon dernier jour ;
Car ma vie est la rosée,
Perle aux lèvres d'une fleur :
Si ma fleur était brisée,
Je mourrais de ma douleur !

I..

Dieu mit l'effet dans la cause,
L'ivresse dans la liqueur,
Le doux parfum dans la rose,
Et ton amour dans mon cœur.
Ne crains pas qu'il s'évapore
Ni qu'il se perde épuisé;
Je crois qu'il vivrait encore
Même après mon cœur brisé.

Lorsque l'Arabe distille
La rouge fleur de Tunis,
Et dans un vase d'argile
Tient ses parfums réunis,
Si le vase où tout repose
Se brise aux mains des Houris,
La douce odeur de la rose
Embaume encor ses débris.

LONGEFONT.

————

A TRAVERS le rideau des peupliers mobiles,
Sur ces murs en terrasse et de lierre couverts,
Voyez-vous la maison au toit de sombres tuiles,
    Blanche au milieu des arbres verts?

Au murmure de l'eau qui bout sur les écluses,
Aux longs soupirs des bois agités par le vent,
On croirait voir errer les ombres des recluses
    Sur les débris du vieux couvent.

C'est Longefont! C'est là, dans ce val solitaire,
Que priant et vivant loin du monde réel,
Les nonnes savouraient dans l'oubli de la terre
    L'avant-goût de la paix du ciel.

O désir de ma vie! ô rêve insaisissable,
Que je poursuis sans cesse et qui me fuis toujours,
Rapide comme un flot, mobile comme un sable,
    Espoir et tourment de mes jours,

Céleste paix! jadis chez ces vierges pieuses,
Dans ces murs où planait un sévère bonheur,

Tu vivais, animant leurs voix harmonieuses
　　A chanter le nom du Seigneur !

Les hymnes ont cessé ; les nonnes désolées
Ont fui ces murs sacrés pour n'y revenir plus ;
Et la cloche du cloître, aux échos des vallées,
　　Ne sait plus tinter l'Angélus.

Mais toi, divine paix, tu demeures encore,
Mystérieux esprit, dans ce val délaissé
Où la Creuse caresse, indolente et sonore,
　　Les doux fantômes du passé.

Dans les rameaux tremblants des saules et des aunes,
Tu te berces au vent comme un sylphe qui dort,
Quand le soleil penchant darde ses rayons jaunes
　　Où danse un flot d'insectes d'or.

Tu t'accoudes, pensive, au bord de la fontaine ;
Je vois se dessiner ton reflet nébuleux
Dans cette urne de pierre où l'œil mesure à peine
　　Le profond cristal des flots bleus.

O vallon solitaire ! ô riantes collines !
Rivage où l'onde suit un cours délicieux !
Toi, berceau verdoyant qui sur les eaux t'inclines !
　　Calme de la terre et des cieux !

Mystérieux accords qui formez le silence,
Mon cœur charmé par vous oublîra ses douleurs.
Oh ! laissez-moi cacher ici mon existence,
　　Entre les oiseaux et les fleurs !　　　　　1857.

MYSTÈRES.

I<small>L</small> est des fleurs qui n'ouvrent leurs calices
Qu'à l'heure où l'ombre enveloppe les cieux;
Il est des cœurs qui mettent leurs délices
A pleurer seuls un deuil mystérieux.

Mais, en passant près de ces fleurs nocturnes,
Lorsque sur nous la nuit est de retour,
J'aime à sentir s'élever de leurs urnes
Ces parfums purs, plus doux que ceux du jour.

Près de ces cœurs mon âme est avertie;
Je compatis à leurs soupirs perdus;
J'aime à sentir la tendre sympathie
Mouiller mes yeux de pleurs inattendus.

Vers vous, ô fleurs rivales des étoiles !
Avec amour je dirige mes pas ;
Vers vous, ô cœurs enveloppés de voiles !
Mon cœur s'élance en murmurant tout bas :

« C'est vainement qu'au milieu des nuits sombres
D'un voile épais vous cachez votre émoi,
Je saurai bien vous trouver dans vos ombres
Pour vous aimer et vous dire : Aimez-moi !

» Discrètes fleurs qui n'ouvrez vos calices
Qu'à l'heure où l'ombre enveloppe les cieux,
Timides cœurs qui mettez vos délices
A pleurer seuls un deuil mystérieux ! »

LE SOUVENIR.

———

Pour soulager dans leur souffrance
Ceux qui pleuraient sans avenir,
Dieu fit un frère à l'Espérance,
Et le nomma le Souvenir.

Le Souvenir, ange fidèle,
Qui pleure sur les trépassés,
Et qui réchauffe sous son aile
Les cœurs mortellement blessés.

Nulle douleur ne lui résiste,
Quand son œil tendre et langoureux
Montre à notre âme qui s'attriste
L'ombre d'un passé plus heureux.

IDÉAL.

Le Souvenir a quelque charme
Même lorsque du gouffre amer
On ne rapporte qu'une larme,
Comme une perle de la mer.

Mais le Souvenir, quand on aime,
C'est écouter de douces voix,
C'est faire vivre la mort même,
C'est naître une seconde fois.

Il semble qu'une clarté pure
Luit sur notre front abattu,
Quand l'ange consolant murmure
Ce doux mot : « Te rappelles-tu ? »

Te rappelles-tu notre joie
Quand, sur les bords irréguliers
Où la Creuse indolente ondoie,
Nous rêvions sous les peupliers ?

Te rappelles-tu la nacelle
Où tous, en chantant, nous glissions,
Oubliant, hélas ! qu'avec elle
Le temps fuyait et nous passions ?

Te rappelles-tu notre ivresse
En ces jours par le ciel bénis ?
Te rappelles-tu la tendresse
Qui nous a pour jamais unis ?

Je pars et j'emporte ces choses
Pour me consoler en chemin,
Comme on garde un bouquet de roses
Qui s'est fané dans une main.

De ce passé, fleur idéale
Qu'en moi-même j'enfermerai,
Je respirerai le pétale
Précieux et décoloré.

Là-bas, dans ma triste demeure
Où le temps semble se traîner,
Ces beaux jours enfuis comme une heure
Viendront souvent m'illuminer.

De ses mains tendres et timides,
Le Souvenir, ange pieux,
Touchant mes paupières humides,
Essuîra les pleurs de mes yeux.

Il viendra, quand la nuit m'enlève
Au souci toujours renaissant,
A travers le prisme du rêve
Me peindre ton sourire absent.

Plus rapide qu'un trait de flamme,
De l'un à l'autre il volera;
D'une même voix, dans ton âme
Et dans la mienne il parlera.

Plus tard, si je reviens encore
Dans ces lieux féconds en beaux jours,
L'ange au consolant météore
Sur nous resplendira toujours;

Et, confondant nos cœurs fidèles
Dans d'ineffables entretiens,
Quand je dirai : « Tu te rappelles? »
Tu répondras : « Je me souviens! »

RÊVES DE JEUNE FILLE.

———

Qui pourrait dire à quoi rêve la jeune fille,
Quand ses yeux sont noyés d'une tendre langueur,
  Quand une larme y brille,
Liquide diamant qui monte de son cœur?

Qui pourrait dire où vont tant d'inconstantes choses?
Le vent sur la colline, et l'insecte au soleil?
  Où va l'odeur des roses,
Et l'âme à qui la mort est peut-être un réveil?

Elle est jeune, elle rêve... A quoi donc? Le sait-elle?
Quel œil a mesuré ces infinis sommets,
  Dont la pente éternelle
Montre sans cesse un but que l'on n'atteint jamais?

Est-ce le souvenir qui remplit sa pensée?
Elle retrouve un front cher à ses premiers ans,
　　　Une lèvre glacée
Qui ne lui rendra plus ses baisers caressants.

Mélange amer et doux de douleurs et d'ivresses,
Elle entrevoit son père en un rêve insensé,
　　　Et sur ses brunes tresses
Croit sentir une larme où son âme a passé.

Elle épanche en lui seul ses tendres rêveries;
Ineffable entretien où l'esprit se confond,
　　　Muettes causeries
Où la vie interroge, où la tombe répond.

Elle part avec lui vers la lointaine rive
Où sa meilleure amie, absente pour toujours,
　　　Volontaire captive,
Au culte du Seigneur a consacré ses jours.

Sublime sacrifice, amer et doux mystère!
A l'invisible époux faire d'éternels vœux,
　　　S'exiler de la terre;
Et sentir l'acier froid grincer dans ses cheveux!

Il serait beau d'aller s'ensevelir près d'elle,
De prier dans son cloître en l'appelant : Ma sœur!...
　　　Pourtant la vie est belle;
Et l'on tourne si bien au bras d'un bon valseur!

Oh! le bal! Quand l'orchestre aux bruyantes cymbales
Entraîne en les berçant les couples radieux,
  Qui suivent leurs spirales
Et murmurent tout bas des mots mystérieux!

Quand sur l'or, les bijoux, et la soie et la gaze,
Les lustres vont semant leurs mobiles clartés;
  Quand une folle extase
Remplit l'air de parfums, le cœur de voluptés!

Parmi tous les danseurs empressés autour d'elle,
Savez-vous le jeune homme auquel elle eût le mieux
  Aimé paraître belle,
Celui qu'elle voyait sans le suivre des yeux?

Est-ce le rêveur blond à la fine moustache,
Celui dont l'esprit fin s'aiguise tous les soirs?
  Ou le cœur qui se cache
Sous ces yeux bleus profonds voilés de longs cils noirs?

Est-ce enfin?... O cœur jeune! ô volcan tiède encore!
Lequel lui plaît de ceux qui volent sur ses pas?
  Peut-être elle l'ignore;
Et moi, si je le sais, je ne le dirai pas.

Pourtant tu te penchais souriante et vermeille
Quand il tenait ton bras à son bras suspendu,
  Te glissant à l'oreille
Un murmure confus plus compris qu'entendu.

Et tu penses encore à ton dernier quadrille;
Tu fais germer le grain qu'il semait en jouant.
      Prends garde, jeune fille!
Comme toi pure, Elvire a rencontré Don Juan!

De fantômes trompeurs sois moins préoccupée :
Reviens plutôt aux jours où, d'un air triomphant,
      Tu berçais ta poupée,
Te croyant une mère auprès de ton enfant.

Un enfant! c'est l'orgueil, le bonheur de la femme!
Un sourire d'enfant, c'est le ciel entr'ouvert;
      Son baiser, pur dictame,
Peut guérir en un jour tout ce qu'on a souffert.

Jeune fille! la femme est la manne éternelle.
Consoler, c'est le rôle à sa vie ordonné.
      Combien la femme est belle
Entre sa vieille mère et son fils nouveau-né!

Car elle sait sourire et pleurer tout ensemble;
Car elle sait donner un courage nouveau
      A tout être qui tremble,
Pour entrer dans la tombe ou sortir du berceau!

FLEUR SÉCHÉE.

A EUGÈNE VILLEMIN,

POÈTE ET BIBLIOPHILE.

J'aime à trouver dans un vieux livre
Un pétale de fleur séché;
Je m'imagine y voir revivre
Quelque doux souvenir caché.

Je veux en deviner l'emblème,
Et je l'interroge tout bas.
Disait-il : Aime-moi; je t'aime?
Disait-il : Ne m'oubliez pas?

J'examine avec soin les lignes
Où le pétale fut placé :
Ont-elles gardé quelques signes
D'un rêve à jamais effacé?

Sur le livre inclinés ensemble,
Elle et toi lisiez-vous tous deux?
Sentais-tu sur ton front qui tremble
Le frisson de ses noirs cheveux?

Regardais-tu son doigt timide
S'arrêter sur le mot amour,
Ce doux mot qui rend l'œil humide
Et qui fait rêver tout un jour?

Elle, qui se prit à sourire,
D'une fleur marqua le feuillet;
Et son regard cessa de lire,
Car son jeune cœur tressaillait.

Elle suivait sa rêverie,
Oubliant sa main dans ta main,
Et le livre et la fleur flétrie
Avaient glissé sur le chemin.

Ils ne lurent pas davantage;
Le feuillet demeura fermé;
Mais la fleur au muet langage
Y reste et dit : Ils ont aimé!...

TRISTESSE.

SONNET.

Est-il rien de plus triste à l'âme solitaire
Que de se rappeler le temps qui fut heureux?
Les oiseaux sont partis; voici l'automne austère;
Le bois secoue au vent ses feuillages nombreux.

Ils ont fui tour à tour; ceux qui m'aimaient sur terre;
Emportant un lambeau de mon cœur douloureux,
Ils se sont envolés au pays du mystère :
Dépouilles des forêts, pleuvez, pleuvez sur eux!

Du bonheur fugitif n'êtes-vous pas l'emblème?
Chaque jour je m'attriste en vous voyant jaunir;
La mort qui vous moissonne effleure mon front blême,

Et j'ai besoin, pour croire encore à l'avenir,
Qu'une voix consolante, en me disant : Je t'aime!
M'empêche de penser et de me souvenir.

LES AMES.

Au premier jour, quand Dieu créa les âmes,
Il les forma pour aller deux par deux,
Pour s'éclairer de mutuelles flammes,
Pour s'entr'aider dans leur vol hasardeux.

Mais le démon les chassa vers le gouffre,
Foule confuse en proie au ravisseur.
Depuis ce temps chaque âme pleure et souffre
En appelant l'âme qui fut sa sœur.

O désespoir! ô tourment de la vie!
Chercher en vain, dans l'ombre, loin du jour,
Cette âme-sœur, à notre âme ravie,
Et que Dieu fit pour notre unique amour!

Mais quand Dieu veut que deux âmes pareilles
Puissent ensemble accomplir leur chemin,
Il leur entr'ouvre un Éden de merveilles,
Un avenir qui n'a plus rien d'humain.

Sainte union de deux cœurs qui s'entendent,
De deux flambeaux qui ne forment qu'un feu!
De tels bonheurs dans les cieux nous attendent;
C'est sur la terre un sourire de Dieu!

LE NOM DE MA MÈRE.

Tu portes le nom de ma mère,
De ma mère que j'aimais tant;
Doux nom plein d'une ivresse amère,
Mon cœur palpite en l'écoutant!

Hélas! il dort sous un blanc voile;
Il s'est fermé, l'œil maternel
Qui me guidait, limpide étoile,
Rayon de l'amour éternel.

Si quelqu'un te nomme ou t'appelle,
Ému soudain à cette voix,
Je tressaille; je me rappelle;
Je pleure et souris à la fois.

Ce nom sacré trouble et caresse
Les fibres de mon cœur blessé;
C'est comme un parfum de tendresse
Que sur toi ma mère a versé.

Ce nom lui seul n'est pas la cause
De ma fraternelle amitié;
Mais il y donne quelque chose
De pur et de sanctifié.

Je cherche quelque ressemblance,
Écho de moi seul entendu,
Entre toi, vivante espérance,
Et l'être aimé que j'ai perdu.

Je veux que le nom de ma mère
Soit une étoile sur ton front:
Jamais en ce monde éphémère
Plus de vertus ne fleuriront.

On eût dit, tant elle était bonne,
Que l'ange de la piété
Tenait sur elle une couronne
De lumière et de pureté!

La splendeur de sa noble tête
N'était pas la beauté d'un jour,
Que le temps en passant nous prête
Et qu'il nous reprend sans retour.

C'était la flamme intérieure,
L'éclat rayonnant au dehors
D'une âme plus tendre et meilleure
Que les âmes des autres corps;

Un je ne sais quoi de céleste
Qui faisait de son cœur mortel,
A la fois sublime et modeste,
Le tabernacle d'un autel.

Demande à Dieu dans ta prière
Qu'il t'accorde le même don;
Imite-la; sois héritière
De son cœur comme de son nom.

Car, toujours humble et salutaire,
Elle allait répandant le miel:
C'était un ange sur la terre;
C'est une sainte dans le ciel!

LA
JEUNE FILLE ET L'ÉTOILE.

SONNET.

SALUT, étoile du matin!
Cette nuit j'ai fait un beau rêve.
Peux-tu, dans son château lointain,
Voir mon bièn-aimé qui se lève?

Selle-t-il son coursier hautain,
Qui piaffe et hennit sur la grève?
Fait-il préparer le festin,
Pour que la noce enfin s'achève?

— Blanche vierge, ma jeune sœur,
Je l'ai vu le hardi chasseur.
Sur son manoir je suis passée.

Il chevauche par la forêt,
Et le festin de noce est prêt...
Mais tu n'es pas la fiancée!...

LA CHANSON DES BOIS,

SONNET.

A MARIE DÉSIRÉE.

LA connais-tu, cette chanson plaintive
Que dans la nuit les bois disent aux cieux?
As-tu longtemps, d'une oreille attentive,
Bu ces soupirs lents et mélodieux?

As-tu senti la brise fugitive
Porter là-haut des parfums précieux,
Et regretté que ton âme captive
Ne pût monter dans l'espace avec eux?

C'est que, la nuit, dans l'ombre et le mystère,
Aux astres d'or gravitant à l'entour
La terre envoie un baiser solitaire;

Du haut des cieux, les astres à leur tour
Laissent glisser leurs baisers sur la terre,
Et l'univers est enivré d'amour.

ASPIRATION.

———

Lᴇs cœurs aimants qu'on trouve au chemin de la vie,
On croit les reconnaître et s'en ressouvenir.
Pour goûter leur tendresse au gré de son envie,
L'âme n'a pas assez du terrestre avenir.

C'est qu'elle se rappelle ou pressent dans un rêve
Le bonheur surhumain qui la peut seul charmer.
Ce globe est trop étroit, cette vie est trop brève,
Pour le besoin de vivre et le bonheur d'aimer.

J'entends vibrer en moi je ne sais quelle plainte,
Rumeur d'un meilleur monde avec regret quitté,
Écho vague et confus d'une existence éteinte,
Qui se mêle au désir de l'immortalité.

Ailleurs est la Patrie, ailleurs est le rivage
Où nos âmes s'aimaient, où nous retournerons;
La terre n'est qu'un lieu d'épreuve et de passage :
Nous rentrons dans la vie à l'heure où nous mourons.

L'AME EN PEINE.

***

LÉGENDE.

Vous qui priez, cœurs pleins de foi,
Chrétiens, ayez pitié de moi.

En traversant le cimetière,
Quand sur les champs s'étend la nuit,
Si vous voyez une lumière
Sur les tombeaux voler sans bruit,
Priez pour moi, car c'est mon âme
Qui souffre et gémit en péril;
Donnez, pour finir son exil,
Les oraisons qu'elle réclame.

Vous qui priez, cœurs pleins de foi,
Chrétiens, ayez pitié de moi.

C'est moi qui suis la pauvre fille
Dont le corps fut jeté tout seul,

Loin des tombeaux de la famille,
Sans prières et sans linceul.
Ce n'est point la terre bénite
Qui couvre mes restes flétris,
Et l'on s'éloigne avec mépris
Du coin sombre où gît la proscrite.

Vous qui priez, cœurs pleins de foi,
Chrétiens, ayez pitié de moi.

J'aimerais à dormir blottie
Sous un gazon épais et doux.
Je n'ai que la ronce et l'ortie;
Mon lit est chargé de cailloux.
Au printemps un rosier sauvage
L'an dernier y vint à fleurir;
Mais les enfants l'ont fait périr,
En arrachant fleurs et feuillage.

Vous qui priez, cœurs pleins de foi,
Chrétiens, ayez pitié de moi.

Une fauvette, sous la ronce,
Fit un nid d'herbe et de duvet;
Déjà l'oiseau, joyeuse annonce,
Avait trois petits qu'il couvait.
Leurs chants me semblaient des prières
Que le Seigneur devait bénir;
Mais les passants, pour me punir,
Les ont tués à coups de pierres.

Vous qui priez, cœurs pleins de foi,
Chrétiens, ayez pitié de moi.

De ton cœur tu m'as renvoyée,
Toi-même, ingrat que j'aimais tant;
Toi, pour qui je me suis noyée
Sous les roseaux du grand étang.
Hélas! mon âme inconsolée
De ce monde à voulu sortir;
Mais dans un cri de repentir
Elle s'est du moins exhalée.

Vous qui priez, cœurs pleins de foi,
Chrétiens, ayez pitié de moi.

Dieu seul a connu le mystère
Et de mon crime et de mon deuil;
Aucun prêtre n'osa sur terre
Jeter l'eau sainte à mon cercueil.
Seule, une femme en habit sombre,
Fuyant les regards, vient parfois
Pleurer sur ma tombe sans croix,
Et m'appeler tout bas dans l'ombre.

Vous qui priez, cœurs pleins de foi,
Chrétiens, ayez pitié de moi.

Bien loin des célestes royaumes,
Rebut des vivants et des morts,
Lorsqu'à l'église on dit les psaumes,

J'écoute et je reste au dehors.
De tout bonheur dépossédée,
Je voltige entre les barreaux,
Et viens me heurter aux vitraux,
Comme une hirondelle attardée.

Vous qui priez, cœurs pleins de foi,
Chrétiens, ayez pitié de moi.

Mais que vois-je à l'autel? Le prêtre
Jette l'eau sainte sur un corps.
Le vent a poussé la fenêtre;
Je prends part aux pieux accords.
Du cercueil une voix m'appelle....
C'est ma mère! ô Dieu tout puissant!
Elle est morte en me bénissant,
Et j'obtiens mon pardon par elle.

Merci, mère au cœur plein de foi,
Qui seule as prié Dieu pour moi.

A UNE LETTRE.

TRISTE et cher souvenir de son amitié morte,
Des jours qui ne sont plus toi qui viens me parler,
Sous mes doigts, sous mes yeux, ô lettre, qui t'apporte?
    Tu ne peux plus me consoler!

D'une fidèle main je te croyais tracée,
O lettre! je t'ouvrais comme on ouvre un trésor;
Puis, après t'avoir lue, au fond de ma pensée
    Longtemps je te lisais encor.

Dans chaque mot puisant une sainte assurance,
Confiant au bonheur que tu me promettais,
Je chantais dans mon âme un hymne d'espérance,
    O lettre! et pourtant tu mentais.

Un jour tout a fini. Pourquoi? Qui peut le dire?
Le caprice a repris ce qu'il avait donné;
En regard dédaigneux s'est changé le sourire:
    Le vent qui souffle avait tourné.

Que Dieu m'en soit témoin! je suis resté le même;
Douloureux et meurtri, je n'ai point varié;
Et comme je l'aimais en ce temps-là, je l'aime
　　D'une fraternelle amitié.

Puisse son cœur jamais ne connaître la peine
Dont il m'a fait souffrir, moi qui l'aime si bien!
Puisse-t-il rencontrer parmi l'espèce humaine
　　Beaucoup de cœurs tels que le mien.

Soyons donc patients. Le bonheur est chimère;
Un jour je cesserai de vivre et de souffrir.
Si l'amitié trahit, si la vie est amère,
　　Il sera plus doux de mourir.

Le souvenir est lourd au malheureux qui souffre,
Et l'espoir est amer qui ne s'est pas rempli.
De mon cœur déchiré, mon Dieu, fermez le gouffre;
　　Par pitié donnez-moi l'oubli!

Lettre funeste, adieu! Que le feu te dévore!
Je suis las de souffrir!..... Souffrir? c'est espérer!
Non! Malgré moi je doute et je te garde encore...
　　Je veux souffrir! je veux pleurer!

LA PREMIÈRE VIOLETTE.

Oh! comme il rassérène l'âme,
Ce nouveau soleil de printemps!
Comme il fait renaître à sa flamme
Les fleurs et les oiseaux chantants!

La violette, sous la haie,
S'est ouverte au pied des ormeaux,
Où le lézard vert, qui s'effraie,
Glisse et fait trembler les rameaux.

Première fleur, nouvelle éclose,
Qu'on a de joie à te cueillir;
Goutte de parfum pur, enclose
Dans une coupe de saphir!

Avec le cœur on te respire;
A tant d'espoirs tu fais penser,
Violette, premier sourire
Du printemps qui va commencer!

Combien caches-tu de promesses
Dans tes plis frêles et soyeux?
Combien exhales-tu d'ivresses
De ton urne couleur des cieux?

Verse en moi ta douceur secrète;
Viens sur mon cœur, frêle trésor.
Ne sens-tu pas, ô violette!
Qu'il palpite et qu'il aime encor?

LES

SYLPHES DES FEUILLES.

BALLADE

COMPOSÉE SUR UNE MÉLODIE ARABE.

Dès que la saison verte
Vient nous ombrager,
Sous la feuille entr'ouverte,
  Au bois, au verger,
Le zéphyr de l'aurore,
En soufflant, fait éclore,
Habitant incolore,
  Un sylphe léger.

Toute feuille flexible
  Que l'on voit frémir,
Cache un sylphe invisible
  Prompt à s'y blottir.
Feuille et sylphe, tout tremble;

Même sort les rassemble :
Ils devront vivre ensemble,
  Ensemble mourir.

Lorsque le vent, leur père,
  Frémit dans les bois,
Au fond de leur repaire,
  Émus à la fois,
Les sylphes du feuillagé,
Agitant leur ombrage,
Mêlent un frais langage
  A sa grande voix.

Si, le matin, s'exhale
  Des bois un doux bruit,
C'est leur voix idéale
  Qui vient et s'enfuit.
Quand le jour va se clore,
Dans la forêt sonore
Ils soupirent encore
  L'hymne de la nuit.

Quand seul dans l'ombre obscure
  Chante un rossignol,
Si quelque frais murmure
  A rasé le sol,
Si le tremble palpite,
C'est qu'un lutin s'agite
Sous la feuille petite,
  Son vert parasol.

Quand l'aile de l'orage
 Assombrit les champs,
La stupeur décourage
 Leur joie et leurs chants;
Puis la tempête gronde,
Et l'on entend sous l'onde,
Dans la forêt profonde,
 Leurs soupirs touchants.

L'été fuit infidèle,
 La feuille jaunit;
Chaque sylphe ainsi qu'elle
 Tremble et se ternit.
Il n'a pour chant d'automne
Qu'un soupir monotone;
Le bois perd sa couronne....
 Tout meurt! tout finit!

Le pâtre solitaire,
 Sous son pied vibrant,
Fait résonner à terre
 Le feuillage errant.
Chaque plainte que pousse
La feuille sur la mousse,
Est la voix faible et douce
 D'un sylphe expirant.

Un effort de la bise,
 Parfois en passant,
Réveille et galvanise

Leur amas gisant,
Et dans sa feuille blonde,
Au vent qui le seconde,
Chaque sylphe à la ronde
Tournoie en dansant.

Mais le joyeux cortége
Retombe tremblant.
Seul bientôt sur la neige
L'autan va sifflant.....
Dans vos feuilles roulées,
Doux sylphes des vallées,
Dormez, troupes voilées,
Sous un linceul blanc !

ILLUSIONS PERDUES.

TABLEAU DE M. GLEYRE.

MUSÉE DU LUXEMBOURG.

LE connaissez-vous, ce tableau
Plein d'un charme rêveur dont mon âme est ravie :
Par un beau soir, un homme assis au bord de l'eau
    Voit fuir LA BARQUE DE LA VIE?

    C'est un homme au front déjà vieux,
Vieux par les passions plus que par les années,
Chargé du poids qui rend les cœurs plus soucieux
    Et les têtes plus inclinées.

    Sur l'onde, liquide saphir,
L'esquif que suit à peine un sillage de moire
Glisse au lointain. Sa voile est de pourpre d'Ophir,
    Et son gouvernail est d'ivoire.

Au son d'accords délicieux,
Chargé de beaux amants, de belles jeunes femmes,
(Des fleurs ornent leurs fronts; la flamme est dans leurs yeux
Le fiévreux bonheur dans leurs âmes),

Il emporte au courant des flots
L'espoir, l'enivrement, l'allégresse volage,
Les jours tant prodigués qu'on pleure à longs sanglots,
Et tout le printemps du bel âge.

On croit sentir, on sent l'amour,
Qui répand son délire en effluves fécondes,
Dans l'horizon baigné par un reste de jour,
Dans l'azur des cieux et des ondes.

Au sommet irrisé du ciel,
L'étoile de Vénus, paresseuse et brillante,
Semble de ses clartés blondes comme un doux miel
Baiser la nacelle indolente.

Telle, sur les mers d'Orient,
Flotta jadis la nef qui portait Cléopâtre :
Ainsi le frêle esquif, fantôme souriant,
Se perd à l'horizon bleuâtre.

Il descend au courant fatal;
Un instant et tout passe!... Adieu, jeunes et belles!
Adieu, plaisirs, amours! Adieu, frais idéal!
Adieu, vous tous, chers infidèles!...

Et le vieillard regarde avec un long remord;
Il regarde! A ses pieds tout est noir, tout est mort;
Le rivage est désert, les roses sont flétries.
Plus d'insecte dans l'herbe ou d'oiseau dans les bois;
Nul bruit que l'eau qui coule avec sa morne voix,
  Entre les rives assombries.

Eau verdâtre et plaintive, et ressemblant si peu
A ce flot murmurant, plein de joie et de feu,
Qui, sur le sable d'or, sous la lumière vive,
Roulait ses diamants, ses perles, ses rubis,
Dont l'écho redisait le joyeux cliquetis
  Aux arbres penchés sur la rive.

Puis, quand il voit au loin ces femmes aux doux yeux,
Ces lyres qu'il touchait d'un doigt mélodieux,
Ces écharpes d'azur que lui-même a données,
Ces grâces, ces chansons, ces fronts au pur éclat,
Ces chevelures d'or sur un cou délicat
  Au vent qui passe abandonnées.

Quand il a reconnu ces fêtes de l'amour,
Ces poèmes si longs qui durent un seul jour,
Ces siècles de plaisir qu'en une heure on embrasse :
« Hélas! dit-il, hélas! parfums de l'être aimé,
Grâces, rires, chansons, tout ce qui m'a charmé,
  Voilà ma jeunesse qui passe!

» Elle passe! elle a fui!... Jeunesse, joyeux temps,
O nacelle, ô vous tous, amis de mon printemps,

Attendez-moi! fermez cette voile de soie!
M'abandonnerez-vous sur ces bords écartés?
Ingrates et cruels, quoi! sans moi vous partez,
    O vous, les enfants de ma joie!»

Pleurs douloureux mais vains! Tout est illusion.
— L'amour? — Rêve trompeur! — La barque? — Vision!
— Les joyeux compagnons et les belles? — Fantômes!
Ce qui n'est que trop vrai, malheureux délaissé,
C'est que ta coupe est vide et ton printemps passé,
    C'est que tes fleurs n'ont plus d'arômes!

La barque enchanteresse est partie à jamais;
Tous, amantes, amis, pendant que tu dormais,
T'ont quitté sans regret pour la nouvelle fête.
Et si jamais l'esquif revient une autre fois,
Tu seras étendu sous l'herbe où tu t'asseois...
    Résigne-toi, courbe la tête!

AVRIL.

A ACHILLE MILLIEN.

Mois d'ivresses,
Qui nous laisses
Tes richesses,
Mois d'Avril,
Qui rappelles
Les fidèles
Hirondelles
De l'exil;

Sur ta trace
Dans l'espace,
Zéphyr chasse
Les autans;
Chaque aurore
Qui te dore
Fait éclore
Un printemps.

Rien n'outrage
Ton feuillage;
Point d'orage
Importun.
Toute rose
Est éclose
Et t'arrose
De parfum.

La pervenche
Bleue et blanche
Au vent penche
Tout en pleurs;
Et l'abeille
Qui sommeille
Se réveille
Dans les fleurs.

La fauvette,
Qui béquette
Et caquette
Tout le jour,
Sémillante,
Sautillante,
Vole et chante
Tour à tour.

Seul le tremble
Là-bas tremble;
Le lac semble

Un miroir;
Et chaque île;
Frais asile,
Y vacille,
Belle à voir...

Là s'incline
La colline
Que domine.
Un clocher.
Dans l'enceinte
L'airain tinte
Pour la sainte
Du rocher.

Là sans cesse
Tout se presse,
Chants d'ivresse,
Pleurs d'adieu;
La prière
Solitaire
De la terre
Monte à Dieu.

Tout au monde,
Fauvette, onde,
Fleur qu'inonde
Un doux miel,
Fraîche brise,
Roche grise,

Vieille église,
Terre ou ciel,

Tout soupire,
Tout respire
Le délire
Du bonheur.
Harmonies
Infinies,
Voix bénies
Du Seigneur!...

FLEUR. FANÉE,

SONNET.

A MARIE DÉSIRÉE.

Intactas quare mittis mihi, Polla, coronas?
Vexatas a te malo tenere rosas.
MARTIAL.

Lorsque à la fin de la journée
Ses couleurs ont fui sans retour,
Rends-la-moi, cette fleur fanée
Que tu respiras tout le jour;

Et, songeant à sa destinée,
Je croirai trouver à mon tour,
Dans sa corolle abandonnée,
Un parfum de toi, mon amour.

Sois comme le maître équitable,
Qui laisse dans sa coupe d'or
Un peu de son vin délectable,

Pour que, après le repas encor,
L'esclave qui le sert à table
Ait sa part du joyeux trésor.

PAYSAGE.

———

A ALBERT HAUGUET.

Ami, j'étais assis sur la falaise ardue,
D'où mes yeux embrassaient un immense pays;
Et, rêveur, je laissais errer dans l'étendue
    Mes regards éblouis.

Je voyais devant moi ma verte Normandie,
Ses prés couverts de fleurs, ses fertiles guérets,
Et ses monts où soufflait une brise attiédie
    Par l'ombre des forêts.

Le soleil rayonnait au-dessus de ma tête,
De bleuâtres vapeurs à l'horizon flottaient,
Et les vieux toits de chaume avaient un air de fête,
    Et les oiseaux chantaient.

Un gothique clocher perçait entre les arbres,
Roi du village, et fier de son noble appareil;
Les rochers éloignés brillaient comme des marbres
    Aux rayons du soleil.

La Seine, découpant le vaste paysage,
Errait, serpent d'azur au gracieux contour,
Reflétant sur ses eaux et le ciel sans nuage
    Et les bois d'alentour.

Elle se divisait parmi de vertes îles;
Puis dans un vallon creux cachait son cours changeant,
Enfin reparaissait entre deux champs fertiles,
    Comme un ruban d'argent.

Ce grand fleuve à mes pieds et cet horizon vaste,
Ces champs, ces monts, ces bois, ce village écarté,
Composaient un spectacle immense, plein de faste
    Et de sérénité.

Alors je vis de loin apparaître les hunes
De deux sloops qui voguaient ensemble remontant;
Entre leurs mâts légers s'enflaient ces voiles brunes
    Dont l'aspect te plaît tant.

Ils couraient tous les deux avec les mêmes brises;
Pour tous deux le soleil n'avait qu'un seul rayon;
Et les flots soulevés par leurs carènes grises
    Ne formaient qu'un sillon.

Or doucement vers toi mon âme ramenée,
Tandis que mon regard se perdait sur les eaux,
Comparait de nos jours la double destinée
    Aux deux légers vaisseaux.

Ainsi tous deux, bercés entre de beaux rivages,
Sous un dôme d'azur et sur de calmes flots,
Puissions-nous n'embarquer, pour nos heureux voyages,
    Que de gais matelots;

Puissions-nous, si le vent séparait nos voilures,
Après avoir du temps éprouvé les rigueurs,
Nous retrouver, changés peut-être de figures,
    Mais semblables de cœurs;

Alors, comme ces sloops remontant de conserve,
Lassés de tous les flots rebelles ou soumis,
Surgir enfin au port que le ciel nous réserve,
    Toujours, toujours amis!

LE BOSQUET DE ROSES.

———

Il est, au fond de ton jardin,
Un banc sous un bosquet de roses,
Où tu vas lire et te reposes
Quand le jour est à son déclin.

Les fleurs en sont-elles écloses?

Sur ce banc-là j'allais m'asseoir,
O souriante destinée!
A mon bonheur de la journée
Bien longtemps j'y rêvais le soir.

J'y veux retourner cette année.

4..

Là, j'écrivis avec émoi
Ces vers où, pressentant d'avance
Les chagrins de la longue absence,
Je te disais : « Rappelle-toi! »

En as-tu gardé souvenance?

Hors l'amitié, tout doit finir;
Tout s'enfuit au vent et s'effeuille,
Jusqu'à la fleur que ta main cueille
Sur le rosier du souvenir.

Oh! que j'en voudrais une feuille!

Avril 1855.

REMEMBRANCE.

A LA MÉMOIRE

DE Mme MARIE CAMARET.

JE ne pourrai jamais passer par cette rue
    Sans être atteint d'un sombre ennui,
Sans y pleurer sur vous, pauvre âme disparue,
    Astre charmant trop vite enfui.

Je ne pourrai jamais revoir cette fenêtre
    Où vos yeux brillèrent souvent,
Sans croire que soudain vous allez apparaître
    Sous les plis du rideau mouvant.

C'est dans cette maison que vous viviez, Marie,
    Comme un oiseau parmi des fleurs;
Maison gaie autrefois, aujourd'hui défleurie,
    Nid pillé par des oiseleurs.

Aujourd'hui, quand je songe à ces rapides heures
    Que nous passions auprès de vous,
A l'aimable gaîté qui peuplait vos demeures,
    A vos rires brillants et doux;

Quand je songe comment nous dépensions la vie,
    En prodigues, sans rien compter,
Sans penser que soudain vous nous seriez ravie
    Et qu'il nous faudrait vous quitter,

Je crois que c'est un rêve et que, rieuse encore,
    Demain vous serez de retour;
Comme au sein de la nuit on compte sur l'aurore,
    Comme on pressent le point du jour.

Le jour n'éclora plus; l'espérance est trompée!
    Adieu, Marie, un long adieu!
Votre corps s'est flétri comme l'herbe coupée;
    Votre âme est retournée à Dieu.

Je crois vous voir encor brisée en votre couche,
    Par tant de maux multipliés :
A peine entendait-on passer sur votre bouche
    Un murmure quand vous parliez;

Sans l'éclat dont brillait votre prunelle noire
    Sur votre effrayante pâleur,
J'aurais cru voir en vous une Vierge d'ivoire
    Sortant des mains du ciseleur.

Vous étiez déjà morte, ô ma blanche martyre !
    Vos yeux seuls gardaient un éclair ;
Mais ce dernier regard cherchait à nous sourire,
    Pâle comme un rayon d'hiver.

Et vous redemandiez votre terre natale ;
    Son soleil vous devait guérir ;
Et vous disiez qu'au mois des roses du Bengale
    Vous alliez aussi refleurir !

Vous berciez-vous vraiment avec cette chimère ?
    Ou, plutôt, ne vouliez-vous pas
Aller mourir aux bords où mourut votre mère,
    Et vous endormir dans ses bras ?

Vous reposez près d'elle. Heureux qui, jeune encore,
    Peut retourner à l'Éternel !
Heureux qui, dans les champs témoins de son aurore,
    S'endort au tombeau maternel !

Paris, décembre 1856.

L'ÉTOILE DU SOIR.

SONNET.

Pense à moi, pour calmer ta peine,
Quand le soleil, qui s'est enfui
Sous l'horizon de pourpre, entraîne
Ses derniers rayons après lui.

Sur le front de la nuit sereine
Quand la première étoile a lui,
Telle qu'un diamant de reine,
Pense à moi dans ton triste ennui.

Car c'est l'heure où le cœur soupire,
Où l'absent vers qui l'on aspire
Tient ses regards au ciel fixés.

Il cherche la première étoile,
Et de larmes son œil se voile
Au souvenir des jours passés.

BASINE.

CHRONIQUE MÉROVINGIENNE.

Gloire au fier Hildéric! gloire au Roi chevelu!
Son cœur est magnanime et son œil est superbe.
Un seul de ses regards est un ordre absolu
    Qui fait courber les fronts dans l'herbe.

» Il est jeune, il est beau. Partout il est vainqueur :
Soit quand il faut aimer, soit quand il faut combattre.
Les vierges devant lui sentent leur jeune cœur
    Palpiter sous leur sein d'albâtre.

» La plus lourde francisque est légère à son bras;
Du cheval le plus fort il fait plier la croupe;
Et lorsque l'échanson a versé l'hypocras,
    Il vide la plus large coupe.

» Qui pourrait l'ébranler renverserait un roc.
Il est puissant. Malheur à ceux dont il se venge !
D'un seul coup de son poing il assomme un auroch,
    Et dans un seul jour il le mange.

» Qui donc impunément troublerait son sommeil?
Quel destin plus puissant fut filé par les Nornes?
La splendeur de sa gloire est semblable au soleil :
    Elle est sans rivale et sans bornes ! »

Ainsi chantait le Barde, et, debout sur le seuil,
Du Monarque Barbare attendait un coup d'œil.
C'était un beau vieillard d'une race hautaine,
Car ses aïeux avaient cueilli le gui du chêne ;
Mais le temps n'était plus où les bardes gaulois
Commandaient aux rois même, et leur chantaient des lois.

Hildéric, le roi Franc, déployait un grand faste.
La salle du festin était splendide et vaste.
Aux murs blanchis pendaient les armes des Romains
Qu'il avait à la guerre égorgés de ses mains.
Jusque vers le plafond aux poutres ciselées
S'élevait la vapeur des chairs amoncelées.
Les Comtes et les Ducs de tous les alentours
Se pressaient à la table. On eût dit des vautours.
Leurs moustaches brillaient de graisse ruisselantes ;
Ils plongeaient leurs bras nus dans les viandes fumantes,
Et, pour les découper se servant du poignard,
Ils ébréchaient les plats ciselés avec art.

Des vases lacrymaux, des patères antiques,
Des calices ravis aux saintes basiliques,
Jusqu'à des crânes blancs, trophée horrible à voir,
Se vidaient, s'emplissaient de bière et de vin noir.
C'étaient des chants, des cris, un bruit épouvantable.
Hildéric les avait réunis à sa table
Pour célébrer sa noce. Il avait fait le choix
D'une fille qu'il vit un jour au coin d'un bois
A grands coups de cognée attaquant un grand chêne.
L'écho retentissait dans la roche prochaine;
La vierge roidissait ses bras aux nerfs d'acier,
Et le Monarque Franc, penché sur son coursier,
Admirant sa vigueur, lui cria : « Sur mon âme!
Vassale, de ton roi tu vas être la femme! »
Il avait fait ainsi.

        Grand, fier et jeune encor,
Le Monarque portait un diadème d'or;
Ses cheveux roux flottaient sur ses larges épaules;
Sur son manteau de pourpre une fille des Gaules
Avait fait courir l'or en élégant dessin;
Un riche baudrier suspendait à son sein
Le glaive d'un César.

        D'un geste, à l'assistance,
Pendant le chant du Barde, il imposa silence.

Quand le vieillard eut dit :
            « Mon père, approche-toi.
Chante pour l'avenir, et parle-lui de moi.

Qui saura dans mille ans mes gestes et ma gloire,
Si les vers inspirés n'en gardent la mémoire?
Tu sembles malheureux; moi, j'ai connu l'exil,
Mais viens t'asseoir ici sans craindre aucun péril;
Car j'ai si bien, depuis, rétabli mon empire,
Que lorsque j'ai parlé nul n'oserait rien dire.
Ennemis ou sujets, tous connaissent mon bras.
Viens! tu verras ma force et tu me chanteras.
Chante aussi ma compagne; elle est jeune, elle est belle;
Elle me donnera des enfants beaux comme elle
Et vaillants comme moi, des enfants au cœur fort
Qui porteront au loin le ravage et la mort! »

Le Barde s'avança traversant l'assemblée.
A ses côtés marchait une femme voilée.
Par le tissu flottant ses traits étaient couverts,
Mais son ardent regard rayonnait au travers.
Des bagues, des anneaux brillaient à ses mains blanches;
Une ceinture d'or retenait sur ses hanches
Sa robe aux plis d'azur; et ses beaux cheveux blonds,
Avec de l'or tressés, pendaient sur ses talons.
A sa taille, à sa marche auguste et souveraine,
L'assemblée en suspens devinait une reine.
Hildéric se leva d'étonnement saisi,
Puis, chassant tout soupçon : « Sois bienvenue ici,
Dit-il, qui que tu sois, ô femme! »

                              L'étrangère
N'attendait que ce mot, et d'une main légère
Jetant son voile, aux yeux du peuple transporté

Apparut dans sa grâce et dans sa majesté.
Les Leudes, éblouis de sa beauté divine,
Se taisaient; mais le Roi : « C'est donc bien toi, Basine!
Le Roi qui fut mon hôte est-il au Walhalla?
Ton époux est-il mort, puisqu'ici te voilà? »
— « Ton hôte vit encor; mais il n'est plus mon maître :
Le plus grand, le plus brave est seul digne de l'être.
J'ai quitté pour le Rhin les rives du Weser;
Si j'eusse connu même aux pays d'outre-mer
Un chef plus valeureux, un roi de plus grande âme,
J'eusse été le chercher pour devenir sa femme.
Hildéric, fais-moi place en ton trône brillant;
Car je suis la plus belle, et toi le plus vaillant! »
— « Tu me plais, dit le Roi. J'aime mieux ton audace
Que tous ces yeux baissés quand mon regard menace.
Voyez cette vassale! elle a subi l'affront
Sans qu'un éclair de haine ait brillé sous son front.
Jeune fille, va-t'en! Mais toi, femme énergique,
Viens! tu m'appartiendras, selon la loi Salique,
Par le prix du sol d'or et du denier d'argent. »

Il naquit d'eux un fils beau, brave, intelligent;
Ce fut Chlodwig-le-Grand, qui régna trente années
Et conquit le pays du Rhin aux Pyrénées.

Longefont, décembre 1863.

A UNE BELLE INCONNUE.

SONNET.

Laissez-moi longtemps en silence
M'éblouir de votre beauté :
Mon regard n'est pas une offense,
C'est un hommage mérité.

Est-ce que jamais le ciel pense
Par notre terre être insulté,
Si l'azur de son dôme immense
Dans les lacs bleus est reflété?

Votre image en mon cœur se plonge;
Je veux l'emporter comme un songe
Dont on ne peut se détacher,

Comme le trésor d'un avare,
Ou le parfum d'une fleur rare
Qu'on respira sans y toucher.

LA FUTAIE.

A MADAME RICARD.

Sous la verte futaie où les hêtres sublimes
S'élancent vers le ciel, gigantesques berceaux,
Et de leurs bras nombreux entrelacent les cimes,
Comme une cathédrale aux gothiques arceaux,

Quand le jour est brûlant je trouve une ombre douce;
L'herbe étend sous mes pas son tapis de velours;
Je m'arrête rêveur, et, couché sur la mousse,
J'écoute les oiseaux qui chantent leurs amours.

Gais habitants de l'air, chantez; troupe frivole,
Au hasard voltigez du tilleul à l'ormeau :
L'amour ainsi que vous est un oiseau qui vole
Et ne dort pas deux fois sur le même rameau.

Votre gaîté ressemble à ces légers feuillages
Qui parent tous les ans ce bois où nous passons :
Elle tombe, comme eux, sous le vent des orages;
Mais un autre printemps vous rend d'autres chansons.

Vous, hêtres élancés, j'admire votre force.
Calmes, vous étendez votre manteau sur tous;
Et les noms autrefois tracés dans votre écorce,
Plus profonds chaque jour, grandissent avec vous.

Pour vos légers amours, chantez, oiseaux champêtres.
Je ne suis point jaloux de ce qui doit passer;
Car mon cœur est semblable à l'écorce des hêtres :
Les noms qu'il porte empreints ne peuvent s'effacer.

Au Parquet, juillet 1857.

LA RONDE DES FÉES,

BALLADE.

A JULES BAUDOT.

.....Subita incantum dementia cepit amantem.
Immemor, heu! victusque animi respexit...
VIRGILE.

Au couchant qui se décolore
Un dernier rayon luit encore
Et découpe en noir le coteau;
La nuit monte sur les collines;
Un vieux berger, dans des ruines,
Rassemble en sifflant son troupeau.

Qui passe là-bas, dans la brume,
A travers le brouillard qui fume,
Sur la route qui mène au bois?
C'est un fils du prochain village,
Répétant, sur un air sauvage,
Un chant d'amour à pleine voix.

« — Où vas-tu, beau chanteur? Écoute!
L'ombre est mauvaise pour la route,

Dit au jeune homme le berger.
Crois-en ma vieille expérience;
A travers la forêt immense
Si tard ne va pas t'engager. »

« — A qui va voir sa bien-aimée
Aucune route n'est fermée,
Répond le jeune homme au berger.
Voilà mon bâton de voyage;
Je suis aimé, j'ai bon courage,
Et je n'ai pas peur du danger. »

« — Imprudent! tu cours à ta perte!
La forêt, dans le jour si verte,
Est pleine de lutins la nuit.
Le Sylphe blanc, la Goule brune,
Y vont danser, au clair de lune,
Avec le Follet qui reluit.

» Sur l'homme le démon s'y venge;
Je sais plus d'un récit étrange
De maints voyageurs inconnus
Qu'on a trouvés morts sur la place,
Et d'autres, partis pleins d'audace,
Qui ne sont jamais revenus.

» Tu pars en haussant les épaules!...
Crains l'endroit où, sous les vieux saules,
La route se partage en trois.
Là, sans regarder en arrière,

Passe en répétant ta prière;
Et fais le signe de la croix! »

La nuit venait brumeuse et sombre;
Il s'enfonça gaîment dans l'ombre.
En chantant plus haut sa chanson.
La lune, au travers de chaque arbre,
Dardant sur lui son œil de marbre,
Le suit de buisson en buisson.

A peine son pied solitaire
Froisse-t-il quelque feuille à terre;
L'écho ne répète aucun bruit
Que le sifflement de l'orfraie,
Dont la dolente voix effraie
Plus que le silence et la nuit.

A ce cri, qui semble une plainte,
L'âme d'un effroi vague atteinte,
Il se détourne, il a pâli.
C'est l'endroit de la triple route,
Où le ruisseau fuit goutte à goutte,
Sous les vapeurs enseveli.

A travers le brouillard d'opale,
Une apparition plus pâle
Que la pâle neige du Nord,
Du flot dormant où son pied plonge,
Monte, incertaine comme un songe,
Et se tient debout sur le bord.

La lueur de l'astre nocturne
Éclaire son front taciturne
Et semble glisser au travers;
Un regard qui fascine l'âme
Sort, froid et pourtant plein de flamme,
De ses yeux fixement ouverts.

Nulle ombre à ses pieds ne s'étale;
Autour de sa taille idéale
Flotte un vaporeux vêtement;
Son front aérien se penche...
On dirait une rose blanche
Qui s'entr'ouvre languissamment.

« Jeune et beau voyageur, dit-elle,
Où vas-tu quand la nuit est belle,
Quand la lune argente les fleurs?
Tu cours vers une folle amante
Qui te séduit, qui te tourmente,
Et qui se raille de tes pleurs.

» Je sais un amour plus suave,
Viens à moi! cesse d'être esclave,
Lorsque tu pourrais être roi.
Viens danser sur l'onde azurée,
Dormir dans ma grotte nacrée....
Viens, beau voyageur, viens à moi! »

Alors son voile qui se lève
Laisse entrevoir, gracieux rêve,

Un sein tout palpitant d'émoi;
Sa bouche lascive et mutine
A l'insensé qu'elle fascine
Redit : « Viens à moi!... viens à moi!... »

Lui, frappé d'une folle ivresse,
Fait un pas vers l'enchanteresse.
Elle glisse sur le chemin,
Et, plus prompte que la pensée,
Sa main, comme un serpent glacée,
Du villageois saisit la main.

Alors sortent, d'entre les saules,
Des Willis aux blanches épaules,
Des nains hideux aux pieds velus;
Alors, par dessus les ramures,
Des géants aux sombres armures
Élèvent leurs fronts chevelus.

Sur la rive et le long des îles,
Des myriades de reptiles
Roulent leurs replis menaçants;
Des poissons inconnus dans l'onde,
Dardent, de leur prunelle ronde,
De longs regards phosphorescents.

Et tout-à-coup, sans bruit, commence
Une ronde rapide, immense,
Où le jeune homme est entraîné,
Séduit par un amour infâme,

Il avait pollué son âme,
Et Dieu l'avait abandonné.

Vainement l'effroi le terrasse;
Vainement il demande grâce,
Emporté par des bras de fer
A travers la ronde éternelle
Qui tourne, enlaçant avec elle
Les mille démons de l'enfer.

Ses yeux se couvrent de ténèbres;
Mais des ricanements funèbres
Le contraignent de les rouvrir.
Toujours cette femme lascive
De son œil ardent le captive,
De sa main le force à courir.

Jusqu'au moment où le coq chante
Il suivit la horde méchante,
Roulant dans cet orbe insensé...
De grand matin les lavandières,
Traversant le bois les premières,
Découvrirent son corps glacé.

Un grand cercle d'herbe fanée
Dessinait la place damnée
Où les démons, maudits de Dieu,
Avaient dansé la nuit dernière.
Le jeune homme, mort sans prière,
Pâle et froid, gisait au milieu.

LA FALAISE D'ÉTRETAT.

A MARIE DÉSIRÉE.

Laisse-moi revenir vers ces heures passées,
Et bercé sur ton cœur, dans mes rêves d'espoir,
Avec toi retourner, sur l'aile des pensées,
Vers le vaste Océan que je voudrais revoir.

Souviens-toi d'Étretat sur la grève isolée,
De la falaise abrupte où tous deux nous montions,
Des humbles toits blottis au pli de la vallée,
Comme au creux d'un rocher le nid des alcyons.

Souviens-toi de la mer. Combien elle était belle!
Fière, tumultueuse, amoncelant ses flots,
Elle frappait les rocs de sa tête rebelle :
Les rocs, pour lui répondre, éveillaient leurs échos.

Tantôt elle gonflait sa puissante poitrine,
Puis, rauque, rugissait et creusait ses sillons;
Puis, secouant au vent sa crinière marine,
S'élançait. On eût dit un troupeau de lions!

Devant nous s'élevait, creusé par les orages,
Un rocher qui semblait l'arche d'un pont géant,
Débris cyclopéen, témoin des anciens âges,
Par des Titans construit pour franchir l'Océan.

Cherchant vers cette cime une route inconnue,
Sous des cieux courroucés, malgré des vents amers,
Je voulais de ce point, qui touchait à la nue,
Embrasser d'un regard l'immensité des mers.

Les nuages s'ouvraient en torrents sur nos têtes :
Tu serrais tes deux bras sur le mien appuyés,
Tandis qu'autour de nous mugissaient les tempêtes :
L'orage sur le front! l'orage sous les pieds!

A ce terrible aspect, chancelante, éperdue,
Enfant, plus près de moi tu cherchais un soutien.
Ton regard n'osait pas affronter l'étendue,
Et je sentais ton cœur palpiter sous le mien.

Tu voulais retourner vers la tranquille enceinte
D'où parfois s'élevaient des chants pieux et doux;
Car les pêcheurs fêtaient alors la Vierge sainte,
Et leurs barques dormaient près des flots en courroux...

Tout à coup, du sommet des roches crevassées,
Le ciel et l'Océan s'ouvrirent devant nous.
Nos voix ne trouvaient plus de mots pour nos pensées.
Face à face avec Dieu nous étions à genoux.

Le passé qu'on regrette et l'avenir qu'on rêve
Sont comme la falaise où nous avons monté;
Le hameau des pêcheurs, étendu sur la grève,
C'est le passé tranquille avec regret quitté.

Le passé, d'où parfois nous reviennent encore
De lointaines gaîtés qu'on voudrait retenir;
Comme l'écho des bois répète un chant sonore,
Quand l'oiseau s'est enfui pour ne plus revenir.

Le rocher c'est la vie où, l'un auprès de l'autre,
Ton cœur près de mon cœur et ta main dans ma main,
Nous suivons le sentier que le ciel fit le nôtre,
Confiants dans celui qui sait le lendemain.

Sans cesse aiguillonnés par le temps qui nous pousse,
Il faut marcher, gravir, toujours changer de lieu,
Foulant tantôt les rocs, tantôt la verte mousse,
Jusqu'au bord de l'abîme où nous apparaît Dieu!...

Dieu qui nous a placés dans un monde où l'on doute,
Mais qui veille d'en haut sur nos deux cœurs unis,
Mais qui se montre à nous, lumineux, sur la route,
Et nous dit dans l'orage : Enfants, soyez bénis!

Dieu qui, nous élevant par ces tableaux sublimes,
Donne à l'homme, éperdu de leur immensité,
A l'homme, grain de sable entre ces deux abîmes,
L'âme, qui d'un regard conçoit l'éternité.

LA RUINE.

Ils sont morts; la face est éteinte;
Le manoir aux massives tours
Est démantelé pour toujours;
Les corbeaux y volent sans crainte.

Sur le sommet du pic maudit
Se dresse la sombre ruine;
Et lorsque le soleil décline,
Noir géant, son ombre grandit.

Pendant la nuit, de blanches ombres,
Descendent d'un nuage en pleurs
Pour cueillir l'asphodèle en fleurs
Qui pousse entre les créneaux sombres;

Et de ces humides trésors
Couronnant leurs têtes d'opales,
Elles dansent aux clartés pâles
De la lune amante des morts.

Romefort, 1857.

LA FÉE DE ROMEFORT.

A MADAME LA COMTESSE DE BONDY.

MADAME, il me souvient de ce jour trop rapide
Où, m'ayant accepté pour votre chevalier,
Dans votre Romefort vous me serviez de guide :
Il est de ces bonheurs qu'on ne peut oublier.

Au sommet du donjon qui domine la plaine,
Je vous suivais, passant où vous aviez passé;
Et du sombre manoir, aimable châtelaine,
Vous me ressuscitiez ce fantôme glacé.

Vous évoquiez ces preux dont l'âme fut si grande
Sous le pourpoint de soie où l'armure en métal;
Mais auprès de l'histoire il manquait la légende :
Il fallait une Fée au donjon féodal.

On m'a, dans le pays, fait le récit étrange
D'une charmante Fée errante aux alentours;
Aux grâces d'une femme elle unit un cœur d'ange,
Et d'un castel voisin elle habite les tours.

Souvent à Romefort on la voit apparaître.
A sa voix le deuil cesse et le malheur finit;
Le pauvre qui l'invoque aussitôt sent renaître
En son cœur l'espérance, et tout bas la bénit.

Les enfants du hameau qui s'en vont à l'école,
Pour complaire à la Fée apprennent leurs leçons;
Par elle, ils savent l'art de fixer la parole,
Et vont, joyeux oiseaux, lui chanter leurs chansons.

Des lettres, des beaux-arts aimant l'essor sublime,
Elle dérobe au temps ce qu'il allait flétrir;
Elle a l'âme qui crée et l'esprit qui ranime:
Ce qu'elle a préféré ne saurait plus mourir.

La voir est un plaisir, la connaître une joie;
Heureux ceux qu'elle enchante, et plus heureux encor
Ceux qui sont aimés d'elle et marchent dans sa voie.
Que n'offrirait-on pas pour un pareil trésor?

Oh! que longtemps elle aille, adorable et discrète,
Répandant ses bienfaits sans laisser voir sa main,
Réchauffant tous les cœurs touchés par sa baguette;
Que les fleurs qu'elle sème embaument son chemin!

Les pauvres dont la peine est par elle étouffée,
Les enfants, les vieillards, la nomment à genoux.
Je ne vous dirai pas le nom de cette Fée;
Mais chacun la connaît, Madame... excepté vous.

Longefont, novembre 1857.

L'ÉTOILE SOLITAIRE.

DANS le ciel noir je vois reluire
Une étoile au timide feu,
Pâle comme un dernier sourire,
Triste comme un baiser d'adieu;

Pareille à la barque perdue
Que l'on suit des yeux sur la mer,
Tantôt dominant l'étendue,
Tantôt plongée au gouffre amer.

On n'aperçoit pas d'autre étoile;
Les nuages sombres et lourds
Sur son front, qui brille et se voile,
Passent et reviennent toujours.

J'ai vu tes yeux, par intervalle,
De la nuit sonder l'épaisseur;
Était-ce cette étoile pâle
Que tu regardais, ô ma sœur?

Je l'aime parce qu'elle est seule,
Parce qu'elle brille et s'enfuit :
Tel un grain broyé sous la meule,
Telle une onde que l'onde suit!

Je l'aime comme toute chose
Qui subit la loi du trépas,
Comme le sourire et la rose :
O ma sœur, ne l'aimes-tu pas?

Plus tard tu la verras peut-être,
Dans les nuages crevassés,
Briller encore et disparaître;
Alors... pense aux beaux jours passés!

25 juillet 1857.

RÊVE PERDU.

A MADAME RICARD.

Pourquoi faut-il que je te parle encore
De ce lointain et touchant souvenir?
Pourquoi sans cesse un pouvoir que j'ignore
Dans mes pensers le fait-il revenir?

Tu nous contais qu'en tes jeunes années,
En ce passé si pur, si triomphant,
Pour couronner tes belles destinées
Un seul bonheur te manquait... Un enfant!

« Mais une fois, nous dis-tu, je fus mère;
Un bel enfant, un ange aux cheveux d'or
Était à moi!... Le ciel, à ma prière
Avait donné ce fragile trésor.

» Je le voyais dans les bras d'une femme ;
Son cri vibrait à mon cœur maternel ;
Et pour cette âme éclose de mon âme,
Mes vœux déjà montaient à l'Éternel.

» Combien d'espoir, de crainte en toi repose,
Fragile objet, qui viens de t'animer,
Mystère saint, tendre petite chose,
Que malgré soi l'on a besoin d'aimer !

» Il est à moi ! mon regard le dévore ;
Ma main s'étend, s'étend pour le trouver.
Mais, ombre vaine, il fuit... Tout s'évapore ;
La nuit est sombre et je viens de rêver !

» Puis bien longtemps le regret du doux songe
Étreint mon cœur de son poids étouffant ;
Pendant la nuit, que ma douleur prolonge,
Je vais criant : Mon enfant ! mon enfant !

» Il me suivra jusqu'à ma dernière heure ;
Je crois le voir en vous le racontant...
D'avoir rêvé se peut-il que l'on pleure ?
Après vingt ans j'en pleure encor pourtant. »

N'en rougis pas ! cette triste chimère,
Dans ton destin, si fécond en douleurs,
De tes douleurs n'est pas la moins amère ;
N'en rougis pas ; ne cache pas tes pleurs.

Chimère ou non, ce que le temps emporte
A notre cœur est-il moins enlevé?
Quand le bonheur est englouti, qu'importe
Ce qu'il était, ou réel, ou rêvé?

Le bonheur mort sans espoir de renaître,
Le rêve éteint sans avoir existé;
De tous les deux c'est le rêve peut-être
Qui doit encore être plus regretté.

Ce cher passé que nous n'avons pu suivre,
Ailleurs un jour peut nous être rendu.
Tout ce qui fut dans le ciel doit revivre....
Qui nous rendra notre rêve perdu?

Mars 1844.

SERVITUDE.

Le matelot sait bien que les mers sont perfides,
Et pourtant il s'élance, à travers les écueils,
Sur ces flots orageux, dont les lèvres livides
    S'ouvrent comme autant de cercueils.

Le chien sait que le maître est cruel et colère,
Et que le fouet barbare a déchiré son flanc;
Cependant il revient lécher la main sévère
    Qui tient encor le fouet sanglant.

O mon cœur! sa tendresse est pareille aux flots mêmes;
Elle t'a flagellé de son rire moqueur,
Et pourtant tu reviens baiser ses pieds... tu l'aimes,
    O mon cœur, ô mon lâche cœur!

MAITRE ALAIN CHARTIER,

QUE LA REINE MARGUERITE D'ÉCOSSE

AVAIT-EMBRASSÉ PENDANT QU'IL DORMAIT

(1460).

Aн! maître Alain, que vous êtes heureux!
Front qu'a baisé la bouche d'une Reine,
Avez senti son odorante haleine
Passer en songe à travers vos cheveux!

Quand vous dormez tant d'honneur vous requière.
Si pareil los advient rien qu'en dormant,
Pour obtenir semblable enchantement
Voudrais dormir, dormir ma vie entière.

Mais le baiser qu'aimerais obtenir
N'est point celui qu'une reine vous donne;
Car celle-là ne porte de couronne
De qui voudrais un si doux souvenir.

6..

Si fait pourtant; son front charmant que j'aime,
Par sa beauté de tous autres vainqueur,
Des fleurs des champs, moins pures que son cœur
Parfois se tresse un léger diadème.

Est reine aussi, reine de mes amours,
Et j'ai bâti son trône dans mon âme;
Y régnera, sans révolte et sans blâme.
A son empire ai cédé pour toujours.

Ah! maître Alain, que ne puis-je prétendre
Avoir un jour, pour le prix de ma foi,
De celle-là qui me tient sous sa loi,
Pareil baiser!... dussé-je encor le rendre!

LE PAUVRE MOINE.

Le pauvre moine, au fond du cloître austère,
Pleure sa vie, et quand Dieu lui dirait :
« Demain, mon fils, tu seras sous la terre ! »
Prêt à sonder le terrible mystère,
Il verrait fuir le soleil sans regret.

Parfois pourtant, quand le jour étincelle,
L'espoir remonte à son front soucieux.
L'oiseau chanteur, la source qui ruisselle,
Les champs, l'air pur où son Dieu se décèle,
Charment encor son oreille et ses yeux.

Mais vient la nuit. A ses maux il succombe;
Pour lui le cloître est plus qu'une prison.
Il croit, vivant étendu dans sa tombe,
Frapper du front la pierre qui retombe...
Son désespoir lutte avec sa raison.

« Navré d'amour, en ma douleur profonde,
Cherchant l'oubli comme un divin bienfait,
J'avais cru fuir et mon cœur et le monde.
Et cet habit cache un volcan qui gronde :
Malheur à moi! Qu'ai-je dit? Qu'ai-je fait?

» Quand le matin je vais à la chapelle,
Quand je suis seul à prier dans le chœur,
Mon chant s'éteint dans ma gorge rebelle.
Je crois entendre une voix qui m'appelle,
Timide voix qui me brise le cœur.

» Votre portrait, sainte Vierge Marie,
Dans les vapeurs qu'exhale l'encensoir,
Prend à mes yeux une forme chérie;
Ce n'est plus vous, c'est elle que je prie :
Je resterais à genoux jusqu'au soir.

» Un frère alors me tire par ma robe;
Je me relève et vais sans savoir où.
Mon pied tremblant sous mon corps se dérobe;
Sans m'éveiller, Dieu briserait le globe.
Je vais mourir ou j'en deviendrai fou!

» Mon cœur palpite à rompre ma poitrine,
Ma tête brûle et j'ai froid! Si j'osais
M'offrir en face à la fureur divine,
Si je frappais ma tête que j'incline
Contre le marbre et si je l'écrasais!...

» Non! loin de moi cette lâche pensée!
Pitié, Seigneur, ou je serai vaincu.
Mais quoi! toujours, d'une bouche lassée,
Boire à longs traits cette coupe glacée,
Et mourir vieux et n'avoir pas vécu!...

» Oh! ne plus voir cette étroite demeure,
Franchir ces murs, briser ce joug de fer!
Du temps passé rien qu'un jour, rien qu'une heure,
Rien qu'un baiser de celle que je pleure,
Rien qu'un sourire, un regard... et l'enfer! »

Le pauvre moine ainsi courbé dans l'ombre,
De deuil en deuil au désespoir conduit,
S'en va pleurant dans sa cellule sombre,
Et de son cœur les battements sans nombre
Lui comptent seuls les heures de la nuit.

SOLEIL COUCHÉ.

SONNET.

L E soleil s'est précipité
Sous l'horizon qui le dévore;
Il disparaît, il plonge encore :
C'est la fin d'un beau jour d'été.

Mais sa transparente clarté,
Ainsi qu'une seconde aurore,
Bien longtemps survit, et colore
Les bords du ciel qu'il a quitté.

Telle une âme de Dieu chérie,
Qui part vers une autre patrie
Et que l'on voudrait retenir,

Lègue à la mémoire pieuse,
Comme une trace lumineuse,
Les clartés de son souvenir.

LIED.

Peut-être m'aimes-tu? peut-être
Caches-tu sous un regard froid
Le feu d'amour qui te pénètre?
Et par instants mon cœur y croit.

N'en dis rien; conserve en toi-même
Le secret dont on est jaloux.
Voile ton cœur, si ton cœur aime :
Oh! le savoir serait trop doux!

A quoi bon d'ailleurs? Dans la vie
Je suis venu pour tout souffrir.
D'une autre une peine est suivie!
Mieux vaut ignorer et mourir.

Mais quand mon âme solitaire
Sera libre enfin, quand le corps
Sera déposé sous la terre,
Oh! tu pourras m'aimer alors!

A genoux auprès de ma cendre,
Si tu m'aimes tu le diras;
Aux morts on peut tout faire entendre.
Je serai bien heureux... hélas!

Si vers un autre ton cœur vole,
Si pour lui tes yeux ont pleuré,
A quoi bon dire une parole
Dont mon cœur serait déchiré?

Quand je serai sous les bruyères,
(Les morts savent tout) je saurai
Qu'un autre avait seul tes prières;
Alors... je lui pardonnerai!

Mon ombre essuîra tes yeux tristes,
Et ton bonheur sera mon bien.
Les morts ne sont pas égoïstes;
Ils aiment sans demander rien!

LA FILLE DU TINTORET.

A M. LÉON COIGNET.

I

Venise! oh! que de fois un désir fantastique
A transporté mon cœur sur ton Adriatique!
De l'espace et du temps déchirant le rideau,
J'ai rêvé tes canaux sillonnés de gondoles,
Et tes palais de marbre et tes blanches coupoles,
    Et ton Saint-Marc et ton Lido!

Là, parmi les splendeurs de ton architecture,
J'aime à ressusciter les rois de la peinture
Qui prenaient leurs couleurs au ciel vénitien;
Je vois les deux Palma, dont le génie éclate,
Véronèse drapé de pourpre et d'écarlate,
    Et le grand maître Titien!

Les uns glissent, bercés par les ondes limpides,
Souriant aux chansons de ces beautés splendides,
De ces reines d'un jour, qui vivront sous leur main ;
D'autres, le front pensif, sur la sombre lagune
Vont rêver, isolés de la foule importune,
    A leur chef-d'œuvre de demain.

Toi surtout, Robusti, vieillard au front austère,
Aussi fier que ton nom, j'aime ton caractère.
Où tout autre eût cédé, tu luttes et grandis.
Tu veux le premier rang dans la noble phalange :
La terre à Titien, l'enfer à Michel-Ange,
    A Tintoret le paradis !

II.

Maître ! quand Venise en ivresse
S'égaie et rit de toute part ;
Pourquoi rester, dans ta vieillesse,
Dédaigneux et fier à l'écart ?
C'est que ton âme est orgueilleuse.
De ta fille, enfant merveilleuse,
Tu soutiens le sublime essor.
Ainsi le chêne, dans sa force,
Sur ses bras à la rude écorce
Suspend la vigne aux grappes d'or.

Belle et sainte! On dirait un ange;
Les cieux doivent la regretter.
Ses regards ont un charme étrange,
Sa voix semble toujours chanter.
La harpe, entre ses mains bénies,
A d'indicibles harmonies
Qui font du plaisir et du mal;
Ses pinceaux animent la toile;
Elle fait pâlir ton étoile,
Et son génie est ton rival.

Autant que toi Venise est folle
De Maria Tintorella.
C'est la merveille, c'est l'idole!
Paraît-elle? On dit : La voilà!
Le doge lui sert de modèle;
Les rois, pour être peints par elle,
Lui dépêchent leurs envoyés.
Oh! dans ta solitude austère,
Que tu dois être un heureux père!...
Il est heureux? Oh! oui... Voyez!...

III.

Voyez sous ces rideaux la blonde Tintorelle,
Pâle, froide, immobile et douloureuse à voir.
Son père au désespoir
Se penche vers son lit, encor plus pâle qu'elle.

Il contemple, d'un œil terne et stupéfié,
Son bonheur, un cadavre, et son espoir, une ombre!
Il est là, morne, sombre,
Comme si la douleur l'avait pétrifié.

Sa fille souriait, ce matin, fraîche et forte;
Sa toile, ses pinceaux, ses couleurs.... ô destin!...
Préparés ce matin,
Semblent l'attendre encore!.. et ce soir elle est morte!

Morte!... Il ne le croit pas. Pauvre cœur paternel,
Qui nageait, ce matin, dans des torrents de joie,
Et que le ciel foudroie,
Comment pourrait-il croire à ce deuil éternel?

Plus d'enfant! ne plus voir sa tête enchanteresse!
Ses yeux qui, du vieillard illuminant le soir,
Étoiles de l'espoir,
Donnaient à son déclin l'éclat de la jeunesse!

Plus d'enfant! Et qui donc ramassera demain
Ces pinceaux enviés, fameux par tant d'ouvrages,
Glorieux héritages
Qui s'échappent déjà de sa tremblante main?

Plus d'enfant! Avec toi, fugitive colombe,
Le rire, la gaîté, les chants harmonieux
Sont remontés aux cieux,
Et la harpe aux doux sons dormira sur ta tombe.

Ce père, qui marchait dans son joyeux orgueil,
Radieux de sa fille à son bras attachée,
  Ira, tête penchée,
Aussi blême qu'un mort évoqué du cercueil.

Au géant des forêts la vigne qui s'enchaîne
Tombe avec les rameaux qui lui servaient d'appui :
  C'est la vigne aujourd'hui
Qui meurt, et dont la mort fait succomber le chêne.

IV.

La douleur du vieillard éclate, et prosterné :
« Dans ma fille, ô mon Dieu ! vous m'aviez couronné ;
  C'était mon bien, ma vie.
Pourquoi sans le vieux père avoir frappé l'enfant ?
Ah ! j'étais trop heureux, j'étais trop triomphant
  Et trop digne d'envie !

» Ayez pitié, Seigneur, et faites-moi mourir !
J'ai souffert aujourd'hui plus qu'on ne peut souffrir
  Dans toute une existence.
Puisque vous m'avez pris le trésor que j'aimais,
Prenez-moi donc aussi. Je suis mort désormais ;
  Je n'ai plus d'espérance !

» Beauté, grâce, génie et vertu, tout est là !
Je ne te verrai plus, ô ma Tintorella !
  Le tombeau qui dévore,

De toi, sang de mon sang, de toi, chair de ma chair,
Fait un reste insensible !... O mon bien le plus cher,
    Je veux te voir encore !

» Vous qu'elle a préparés, ses pinceaux, ses couleurs,
Venez à mon secours ; soulagez mes douleurs,
    Rendez-moi son visage.
Quand Dieu de mon exil voudra me retirer,
O ma Tintorella ! que je puisse expirer
    Les yeux sur ton image ! »

V.

Sa main tient la palette, et, dévorant son deuil,
Il fixe sur sa fille un pénétrant coup d'œil.
Il sature longtemps son âme paternelle
De ta pâleur de marbre, ô douloureux modèle !
Une lampe funèbre, à travers un rideau,
De sa morne lumière éclaire le tableau,
Et glisse sur la morte étendue en sa couche.
Ses beaux yeux sont fermés languissamment ; sa bouche
Est entr'ouverte encor par le dernier soupir ;
Et le doigt de la mort, qui vient de l'assoupir,
A laissé sur son front le divin caractère
D'un ange que le ciel vient de prendre à la terre.

Toi, vieillard, pâle, sombre, et cependant vainqueur
Du sanglant désespoir qui te ronge le cœur,

Tu concentres ton âme en ce suprême ouvrage.
Par un sublime effort d'amour et de courage,
Tu veux, et ton pinceau n'a pas même hésité.
Si ta lèvre est aride et ton front contracté,
Si ton œil est brûlant, aucun pleur ne le voile,
Et l'image adorée a passé sur la toile.
Rongez, vers du tombeau! faites votre devoir;
Sur la Tintorella vous êtes sans pouvoir.
Par deux fois au néant le Tintoret l'a prise :
Père, il lui donna l'être; artiste, il l'éternise!

L'Étang, 16 septembre 1852.

SOLLICITUDE.

Ne peux-tu donc jouir des biens que Dieu te donne
Sans t'agiter sans fin d'un tourment insensé?
Ne peux-tu de la vie effeuiller la couronne
Sans te dire : Demain, cela sera passé?

Que te faut-il, mon cœur? Ne tiens-tu pas ton rêve?
N'es-tu pas au sommet de tes vœux incessants?
N'as-tu pas le bonheur? Chaque jour qui se lève
Ne te dore-t-il pas de rayons caressants?

Non! du bonheur d'hier tu te forges ta peine;
Jaloux de savoir mieux et de monter plus haut,
Ainsi qu'un prisonnier qui s'agite en sa chaîne
Tu frappes sourdement les murs de ton cachot.

Et, lassé de nourrir le désir qui t'enivre,
Emportant avec toi ton rêve inaccompli,
Tu vas, ô triste cœur, désenchanté de vivre,
Du dédain à la mort, de la mort à l'oubli!

LA PIERRE LEVÉE.

———

A JULES BELLENGER.

La lune blanchit l'herbe et l'horizon est sombre.
Sur le coteau désert cherchant un souvenir,
Je viens interroger, dans le silence et l'ombre,
        Le celtique men-hir.

A travers le passé remontant d'âge en âge,
J'évoque autour de lui les vaillants d'autrefois,
Abîmes de la tombe, avez-vous un langage
        Pour répondre à ma voix?

Je contemple longtemps la pierre druidique,
Où gît quelque héros sous le sol paternel,
Comme si j'allais voir le spectre fantastique
        Surgir à mon appel.

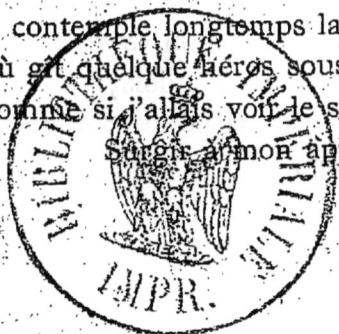

7.

Dors-tu, vieux Brenn, dors-tu? C'est un fils qui t'éveille,
Un enfant des Gaulois qui veut t'interroger.
Viens, tenant la framée homicide, et vermeille
    Du sang de l'étranger!

Tel qu'au jour où, fauché par la mort au front blême,
Dans le champ des combats tu tombas endormi,
Pâle, mais fier encore, et d'un coup d'œil suprême
    Foudroyant l'ennemi.

Va! tu fus bien vengé! Sur le lieu du carnage,
Ceux qui t'avaient frappé furent immolés tous,
Et, comme un troupeau vil, au couteau de l'Eubage
    Vinrent tendre leurs cous.

A l'heure de minuit, les blanches Druidesses,
Dans les crânes des morts trempant le gui sacré,
Mouillèrent tour à tour de gouttes vengeresses
    Ton front décoloré.

L'on dressa le rocher sur ta cendre abreuvée
Par le sang des humains et des coursiers puissants,
Et c'est là que tu dors, sous la pierre levée,
    Depuis dix-neuf cents ans.

Les fils de Teutatès, pour que ton nom se garde,
Sous le chêne sacré l'ont redit aux Gaulois;
Leurs chants, pour l'avenir, à la harpe du Barde
    Ont voué tes exploits.

O gloire! ô vanité! Sans écho sur nos lèvres,
Ta mémoire a sombré sur l'écueil de la mort.
Qu'en reste-t-il? Un roc où le pasteur de chèvres
    S'asseoit à l'ombre et dort.

Et si quelque passant, avide de descendre
Dans le gouffre d'oubli qui cache ton trépas,
D'une pieuse voix interroge ta cendre,
    Tu ne lui réponds pas.

Tous tes hauts faits, peut-être une épopée énorme,
Tes honneurs et le sang versé sur le dolmen,
Tout gît dans le néant, sous une pierre informe....
    Repose en paix, vieux Brenn!

Repose!... Sur les bois s'épaissit la nuit sombre;
Je pars; mais te laissant un dernier souvenir,
Je regarde de loin et crois voir ta grande ombre
    Debout sur le men-hir.

La Chaise, près Louzouer (Loiret).

PRŒTEREUNT.

———

C'EST le destin! tout s'efface et s'oublie.
La fleur éclot sans souci des autans;
Le fruit pendant à la tige qui plie
Ne garde plus souvenir du printemps.

Lorsque le champ témoin de la victoire
A bu le sang des soldats ignorés,
Les épis mûrs cachent la sombre histoire
Du deuil humain qui les rend plus dorés.

Tout fut poussière et tout sera poussière....
Mais, au milieu de cette inanité,
L'âme, ô mon Dieu, vient de votre lumière,
Et l'âme aspire à votre éternité.

NUIT D'AUTOMNE.

Il fait noir, la terre est sombre,
Pas un astre au ciel ne luit;
On entend vagir dans l'ombre
Le vent triste de la nuit.

Les grands arbres se balancent
Avec un gémissement;
Les flots sur le roc s'élancent
Et mugissent sourdement.

On dirait que l'eau qui gronde
Parle aux peupliers mouvants,
Et l'arbre répond à l'onde
En courbant sa tête aux vents.

Cri d'angoisse! hymne éternelle
De la vie et de la mort!
Pourquoi l'onde pleure-t-elle?
Pourquoi l'arbre gémit au bord?

L'arbre se plaint-il à l'onde
De ce souffle continu,
Qui lui prend sa feuille blonde
Et le va laisser tout nu?

L'onde se plaint-elle aux arbres
De ce que l'hiver fatal
Va changer en blocs de marbre
Ses paillettes de cristal?

O rêveur, qui les écoutes,
Toi, dont le cœur effaré
Se déchire à tous les doutes,
Comme un chasseur égaré,

Il est une voix intime
Aux soupirs plus douloureux :
Ton âme, profond abîme,
Gémit plus tristement qu'eux.

Si le vent à l'arbre enlève
Sa parure de l'été,
Vois ton bonheur rêve à rêve
Par l'aquilon emporté.

Si l'eau se plaint au rivage
Des froids qui la gèleront,
Songe à cet hiver de l'âge
Qui va te glacer le front.

Le feuillage doit renaître
Au printemps plus radieux;
Le flot que l'hiver pénètre
S'élancera plus joyeux;

Mais cet hiver triste et morne
Qui saisit ton corps perclus
Est sans limite et sans borne :
L'été ne reviendra plus!

Sans qu'un autre espoir t'accueille,
Sans refleurir de nouveau,
Tu tombes comme la feuille,
Tu t'écoules comme l'eau.

O rêveur! songe à toi-même,
Passager dans ces lieux bas;
Songe au sinistre problème,
A l'énigme du trépas.

Nul de ceux qui sont sous terre
Ne l'a dit à son linceul;
Vie ou mort, c'est le mystère
Que Dieu garde pour lui seul.

A DEUX.

C'ÉTAIT dans le bois., sous l'ombrage,
    Au soir;
L'ombre envahissait le feuillage
    Plus noir.
Le chêne sert au lierre frêle
    D'appui :
Ils erraient ainsi tous deux, Elle
    Et Lui.

Où donc allaient-ils, lorsque l'ombre
    Croissait,
Tous les deux seuls par le bois sombre?
    Qui sait?
Eux sans doute ils n'en savaient même
    Plus rien.
Qu'importe où l'on va quand on s'aime
    Si bien !

LA
CHEMINÉE DE CAMPAGNE.

A JULES BOILLY.

Qu'il fait bon, quand la nuit lente et sombre est venue,
Quand la bise au dehors, dans la campagne nue,
Fait voltiger la neige en épais tourbillons,
Ou quand le brouillard froid pèse sur les sillons;
Qu'il fait bon, seul, tranquille et la tête inclinée,
Assis sous le manteau d'une ample cheminée,
Les coudes aux genoux et les mains au foyer,
Voir dans l'âtre rustique un chêne flamboyer!
C'est qu'une cheminée, en hiver, est un monde.
Le grillon s'y blottit dans sa fente profonde;
Hôte de bon augure, il se cache à mes yeux
Sous la plaque de l'âtre, et fredonne joyeux.
A son hymne bientôt répond un sourd murmure;
C'est le chaudron pendu dans la fumée obscure.
Sur sa tête il incline un couvercle rouillé;
Et lorsque de trop près il se sent chatouillé

Par le feu, dont il craint la douloureuse atteinte,
Il exhale en vapeur son haleine et sa plainte.
Les grands chenets de fer, immobiles tous deux,
Indifférents au bruit qui se fait autour d'eux,
Sourds au tison qui roule, au choc des étincelles,
Sur le seuil du foyer, comme deux sentinelles,
Semblent veiller exprès pour arrêter les jeux
De ces gaz pétillants, à l'essor ombrageux,
Qui, poussant dans la chambre une pointe indiscrète,
Allongent tour à tour et retirent leur tête.

Les branchages légers, les sarments onduleux,
D'où sortent en sifflant des jets roses et bleus,
Se crispent aux baisers de la flamme lascive,
Et semblent s'écrier d'une voix convulsive :

        « Où sont les beaux jours passés ?
        Dans l'arbre vaste et sonore,
        Par les brises de l'aurore
        Nous avons été bercés !

        » En mai nos feuilles ouvertes,
        Perçant le bourgeon vermeil,
        Ont jailli sous le soleil,
        Jaunes d'abord et puis vertes.

        » L'oiseau, ce chanteur des bois,
        Qui n'a que l'âme et les ailes,
        Souvent sur nos cimes frêles
        A posé ses légers doigts.

» Et nous, heureux de l'entendre,
En balançant le doux nid
Qu'il aime et que Dieu bénit,
Nous écoutions sa voix tendre.

» Puis nos feuilles ont bruni,
Tombant au vent de l'automne
Avec un bruit monotone;
Et les amours ont fini!

» Dans la forêt indignée
Sont venus les bûcherons,
Et partout aux environs
A retenti la cognée.

» Victimes du fer cruel,
Hélas! le feu nous dévore.
Nous ne verrons plus l'aurore,
Ni les oiseaux, ni le ciel.

» Jusques à la moindre branche
Le feu nous prend tour à tour;
Nous devenons sans retour
Charbon rouge et cendre blanche. »

Ils disaient, quand le chêne, atteint profondément,
Crie et laisse échapper un sourd gémissement.
Il s'agite, vaincu par la flamme crispée,
Et, de l'extrémité que la hache a coupée,

Les pleurs qu'il retenait coulent en écumant.
Le vieux géant des bois exhale son tourment :

« Faibles rameaux, est-ce à vous de vous plaindre ?
Vous n'avez pu, dans votre vie, atteindre
Jusqu'à l'hiver. Vous n'avez pas vécu.
Mais moi, qui fus l'orgueil de la forêt sauvage,
Qui vis cent fois s'étendre et tomber mon feuillage,
Moi, le rival du Temps, moi qu'il n'a pas vaincu !...

» J'ai vu grandir l'aïeul de notre maître ;
J'ai vu mourir son père et son fils naître ;
De tous les siens j'aurais usé les jours.
Enfant, j'avais pour lui des nids dans mon feuillage ;
Et sous mon front puissant, vieillard courbé par l'âge,
Il se fut souvenu de ses jeunes amours.

» C'est sous mon ombre épaisse et parfumée
Qu'il vint s'asseoir près de sa bien-aimée ;
Voici la mousse où sa main s'appuya.
Sous ma rugueuse écorce il eût pu voir encore
Deux chiffres enlacés, dont celle qu'il adore
Par un baiser bien tendre autrefois le paya.

» Aux jours du deuil, aux heures de l'étude,
Sous mon abri cherchant la solitude,
Il vint rêver, pleurer, prier les cieux.
Inutiles rameaux, est-ce à vous de vous plaindre,
Lorsqu'en des nœuds ardents cet ingrat laisse étreindre
Un ami de cent ans, planté par ses aïeux ? »

Mais moi :

   « Pourquoi gémir et m'accuser, vieux chêne?
Tu vis assez de fois changer l'espèce humaine.
Brûle! c'est ton destin! »

     Je disais, et pourtant
Je m'étais attendri tout bas en l'écoutant;
J'avais compris son deuil. Sa douleur était juste,
Et vaincu par degrés, je lui dis :

       « Arbre auguste,
Je fus cruel pour toi, mais tu m'en as puni.
A tes pieds, évoquant tout un passé béni,
J'aurais pu revenir m'asseoir sur tes racines!
Rêveur, j'eusse écouté ces notes argentines
Que la brise module entre les rameaux verts.
Dans le ciel de l'été, rayonnant au travers,
J'aurais cru voir passer peut-être une ombre douce;
Et tandis que l'oiseau, couvant son nid de mousse,
Eût gazouillé là-haut sa joie ou sa langueur,
La voix du souvenir eût chanté dans mon cœur!
Il est trop tard! »

    L'effort de la flamme agrandie
Jusques au cœur de l'arbre a porté l'incendie.
Soudain en deux moitiés il se brise... Un fragment
Roule sur les chenets, se redresse, et, fumant,
Comme un clocher frappé par la foudre il s'embrase.
Pendant quelques instants il fume sur sa base,
Tandis que l'autre bout, sur le foyer brûlant,
Consumé par le feu plus égal et plus lent,
En charbons inégaux se divise dans l'âtre.
Longtemps encor j'y vois, ainsi qu'en un théâtre,

Des formes de rochers, de palais et de tours,
Grandir, se transformer et s'éteindre à toujours.
Longtemps je me complais à saisir au passage
Du vallon calciné le changeant paysage.
Quelquefois un charbon pétille, un léger feu
Voltige en chatoyant et lance un reflet bleu.
Bientôt tout devient noir, hormis quelque point rouge
Sorti pour un moment de la cendre qui bouge.
Enfin tout fait silence, et le grillon reprend
Sa chanson, qu'arrêta l'ardeur d'un feu trop grand :

        « Je suis l'insecte d'ébène;
        Dans la nuit je me promène,
        Moi, le lutin familier,
        Moi, dont la noire prunelle
        Reluit comme une étincelle
        Dans la fente du foyer !

        » Sous la cendre douce et tiède,
        Content du coin qu'on me cède,
        Je chante et n'exige rien.
        Soufflez, vents ! Dieu me protége.
        Tombe au dehors, froide neige !
        Je suis heureux ! je suis bien !

        » Pour te bercer, mon bon hôte,
        Je m'en vais d'une voix haute
        Fredonnant l'hymne du soir,
        Et, dans l'abri qui me cèle,

A grand bruit frappant mon aile
Contre mon corselet noir. »

Quand le dernier charbon s'est éteint sous la cendre,
Lui-même le grillon ne se fait plus entendre;
Enfin, dans le village où s'est tu chaque bruit,
L'horloge douze fois résonne... Il est minuit!

ENVOI.

Et toi, cher fugitif, toi qu'une ardeur dévore
De changer d'horizon et d'en changer encore;
Toi, mobile rêveur, que de malins démons
Entraînent loin de nous et par vaux et par monts,
Qui vas, sous d'autres cieux, cherchant d'autres spectacles,
Vois! tu rencontrerais plus de changeants miracles,
Plus d'aspects imprévus dans mon feu de Noël,
Que ne t'en peut offrir, là-bas, ton nouveau ciel.
Où vas-tu? quel pays te possède à cette heure?
Sur quelque route ardue, où le vent crie et pleure,
La lourde diligence, au coussin amaigri,
Cahote rudement ton corps endolori;
Tandis que plus tranquille et me croyant plus sage,
Je vais sur l'oreiller faire un autre voyage.

AMICA SILENTIA.

———

Viens! la nuit est belle, l'air pur,
　　Et le ciel sans nuage;
La lune glisse dans l'azur,
　　Comme un cygne qui nage;
Les fleurs mêlent en un parfum
　　Mille senteurs divines;
Nos cœurs unis n'en font plus qu'un,
　　Qui bat dans deux poitrines.

Pose tes deux mains sur mon bras,
　　Ton front sur mon épaule;
Viens! nous irons où tu voudras,
　　Dans les prés, sous le saule,
Au bord du ruisseau babillard,
　　Ou dans le bois qui tremble,
Marchant et parlant au hasard,
　　Mais heureux d'être ensemble!

POURQUOI PARTIR?

A MADAME AMÉLIE RIVIÈRE.

Pourquoi faut-il que le temps ait des ailes
Pour emporter notre ivresse et nos chants?
Pourquoi faut-il que ses mains trop cruelles
Fauchent nos jours comme l'herbe des champs?

Il me semblait que vous étiez venue
Depuis hier seulement parmi nous;
Et vous partez! vous n'êtes retenue
Ni par nos vœux ni par nos soins pour vous!

Aussi voyez comme Dieu nous retire
Son beau soleil, qui brillait sur nos fleurs!
Vous nous quittez, et l'aquilon soupire,
Et tout le ciel semble se fondre en pleurs!

8..

Cette naïade à la course limpide,
Qui vous berçait de ses bras transparents,
Dans son regret plisse son front humide;
Son flot se trouble aux larmes des torrents.

Tout vous regrette. Ah! chère fugitive,
Vous emportez les meilleurs de nos jours;
Mais vous avez passé sur cette rive,
Et tout, de vous, y parlera toujours.

Errant tout seul sur les rives désertes
De cette Creuse où nous allions le soir,
Je croirai voir entre les feuilles vertes
Votre front pur ou votre grand œil noir.

Dans le sentier votre marche est tracée;
Le sable a pris l'empreinte de vos pas;
Je l'y verrai toujours, quoique effacée :
Mon cœur la garde et ne l'oubliera pas.

Je glisserai dans ma barque de chêne,
Dont votre main guida les avirons;
Pour moi, l'écho de la rive prochaine
Dira vos chants aimés des environs.

Le souvenir, chimère caressante,
Me parlera des beaux jours écoulés;
Et mes regards vous verront, quoique absente,
Dans ce pays d'où vous vous en allez.

Longefont, 18 août 1856.

PROMENADE EN SEPTEMBRE.

A MARIE DÉSIRÉE.

Vois comme il fait beau ce soir !
    Viens t'asseoir
Avec moi sur la colline,
D'où le val et les coteaux
    Sont si beaux
Aux feux du jour qui décline.

Penserait-on que les cieux
    Pluvieux
Ont inondé la nuit sombre,
En voyant briller si pur
    Cet azur
Sans nuages et sans ombre ?

Tel plus d'un être souffrant
     Va montrant
Au jour des lèvres rieuses,
Qui, dans la nuit retiré,
     A pleuré
Des larmes silencieuses.

Partout s'exhale des prés
     Diaprés
Une senteur fraîche et douce.
Le soleil, en se penchant
     Au couchant,
A séché l'herbe et la mousse.

Il dore les peupliers,
     Les halliers
De la colline arrondie;
Ses clartés sur les vitraux
     Des hameaux
Brillent comme un incendie.

Quel calme délicieux
     Sous les cieux,
Et quels parfums dans la plaine!
Il me semble t'aimer mieux
     Dans ces lieux
Où mon âme est plus sereine.

Quoi! déjà l'ombre en rampant
     Se répand

Sur les terres labourées!
Les sommets d'où fuit le jour
    Tour à tour
Perdent leurs teintes pourprées....

Le dernier rayon s'enfuit :
    C'est la nuit!...
Dans la brume qui s'élève,
Le vallon vaste et profond
    Se confond
Et s'efface comme un rêve.

Le brouillard vient froid et lent,
    Nous voilant
Comme un linceul qu'on déplie.
Ce beau soir si tôt passé
    M'a glacé
Le cœur de mélancolie.

O jours que naguère encor,
    Plein d'essor,
J'appelais d'un cœur avide,
Je vous salue en secret
    D'un regret,
Dans votre fuite rapide.

O ma brillante saison!
    Horizon
Qui me semblais sans barrière,
Je te touche avec la main;

Mon chemin
Est déjà long en arrière.

Pour endormir mon émoi,
Berce-moi
De ton amour qui m'enivre;
Mêle à mon austérité
Ta gaîté,
Et console-moi de vivre!

Si par toi mon cœur aimé
Dort calmé,
Un deuil secret y demeure;
Septembre a quelques retours
De beaux jours,
Mais la nuit vient de bonne heure.

L'oiseau chante à pleine voix,
Et les bois
Gardent encor leur couronne;
Mais sous l'austère beauté
De l'été,
On pressent déjà l'automne.

L'ŒIL DU LÉZARD.

———

REGARDE ! il court, il glisse, il rôde,
Vif et léger, charmant à voir,
Des vieux murs vivante émeraude,
Le lézard à l'œil de jais noir.
Sous le lierre qui le recèle,
Il est trahi par son regard.
J'aime à voir, comme une étincelle,
Briller l'œil charmant du lézard.

Un œil noir en forme d'amande,
Doux en face et fier de côté ;
Un œil qui supplie et commande,
Un œil ardent et velouté ;
A la fois puissant et timide,
De fasciner possédant l'art,
Étincelant sans être humide,
Tel est l'œil charmant du lézard.

Tel est aussi ton œil que j'aime,
Ton œil qui m'atteint jusqu'au cœur,
Soit qu'il ait la douceur suprême,
Soit qu'il ait le souris vainqueur.
Voilà le rêve qui m'attire
Auprès des vieux murs à l'écart;
Voilà pourquoi j'aime à voir luire
Le charmant œil noir du lézard.

MÉDITATION.

———

Quand vous êtes couverts du linceul solitaire,
    O morts, qu'éprouvez-vous?
Êtes-vous soucieux de ce qu'on fait sur terre,
    Vous qui dormez dessous?
De ceux qui sont restés dans ce monde où l'on doute
    Sentez-vous les douleurs?
Entendez-vous filtrer jusqu'à vous, goutte à goutte,
    Ce qu'ils versent de pleurs?
Écoutez-vous leurs vœux, comme un lointain murmure
    Qu'on perçoit à demi?
Vous réjouissez-vous, lorsque la sépulture
    S'ouvre pour un ami?
Souffrez-vous, pauvres morts, quand il ne vient personne
    Vous parler du passé?
Quand la mousse dévore et quand l'herbe environne
    Le tombeau délaissé?

Quand vous n'entendez plus rien pleurer que la pluie,
    Rien gémir que les vents,
Rien passer qu'un oiseau qui par instants s'appuie
    Sur vos cyprès mouvants?

Non! vous ne souffrez pas! J'ai soulevé la pierre
    Du sépulcre béant,
Et j'ai sondé l'abîme, et j'ai vu la poussière,
    Et j'ai crié : « Néant!
Poussière, tu n'es rien! cendre, tu n'es pas l'être
    Que nous avons chéri!
Tu n'es qu'un vêtement dédaigné par son maître,
    Et qu'un lambeau flétri.
Rien de lui n'est entré dans la terre, où retombe
    Le corps matériel.
Qu'attendons-nous ici? Poussons du pied la tombe,
    Et regardons le ciel! »

Pourtant nous nous penchons, attendris, vers ces restes;
    Nous aimons ces lambeaux;
Nous gardons, oublieux de nos âmes célestes,
    Le culte des tombeaux.
Nous chérissons encor dans sa dépouille humaine
    L'être qui nous fut cher;
Mortels, nous ressentons le bonheur et la peine
    Avec des cœurs de chair.

LE

SPECTRE DU JOUR PASSÉ.

A MADAME LA COMTESSE DE BONDY.

Me voilà seul dans la tour solitaire
Où, quand tout dort, un fantôme apparaît.
Il est minuit, c'est l'heure du mystère :
Le timbre sonne... et je tremble en secret.

Un léger souffle a fait vibrer ma porte;
Je ne sais quoi de vague et d'incertain
Glisse sans bruit, dans l'air qui me l'apporte.
« Que me veux-tu, sylphe, gnôme ou lutin? »

« — Hélas! je suis l'ombre de la journée
Que minuit tue et qui vient de finir.
Bien tard éclose et bientôt terminée,
Je ne suis plus qu'un vague souvenir.

» Je viens chez toi reposer. Je réclame
Un tombeau. Non! je veux plutôt un nid.
J'échaufferai dans ton sein ma pauvre âme;
J'y chanterai le bonheur qui finit.

» J'y parlerai de ces rapides heures
Qui m'ont fait vivre et qui t'ont enchanté,
Quand tu vécus charmé dans ces demeures
Où l'esprit règne, où sourit la beauté.... »

Puis le fantôme à la voix souveraine,
Fixant sur moi son œil tendre et vainqueur,
M'environna d'une invisible chaîne,
Et d'un seul bond se blottit dans mon cœur.

« Je te connais, sylphe adoré, lui dis-je;
Enchaîne-moi sans peur et sans pitié.
Dans le ciel même on connaît ton prestige,
Et sur la terre on t'appelle amitié! »

Château de la Barre, 1862.

LA
JEUNE FILLE ET LES FLEURS.

_____

IDYLLE.

> L'âme de mille fleurs dans les zéphyrs semée.
> ANDRÉ CHÉNIER.

Jeune fille des champs, vierge aux brillants cheveux,
Tu souris et ne sais, enfant, ce que tu veux.
Tu butines des fleurs dont tu pares ta tête,
Et seule tu te plais à des pensers de fête ;
Puis ces fleurs dont ta main, ta main aux légers doigts,
Entrelaçait les nœuds recommencés vingt fois,
Tu n'en veux plus ; ces fleurs si bien faites pour plaire
Soulèvent, et pourquoi? ta mutine colère.
Ton giron s'embaumait de leurs flots diaprés,
Et tu vois en dédain ces dépouilles des prés,
Et tes jeux enfantins en ont jonché la route,
Et le soleil les fane. O jeune fille, écoute!
N'entends-tu pas des voix, de faibles voix, tout bas,
Comme un soupir du vent, murmurer sous tes pas?
Dans cet air pur qui joue autour de ton visage,
Enfant, ne sens-tu rien te toucher au passage?
Ce sont les voix, hélas! les spectres de ces fleurs
Mortes par toi, venant te chanter leurs douleurs :

« Jeune fille cruelle entre les plus cruelles,
Pourquoi nous immoler, ne sommes-nous pas belles?
Sur le front de nos sœurs le soleil matinal
Laisse encor la rosée et l'éclat virginal.
Nous-mêmes nous n'avions, sous une douce haleine,
Qu'entr'ouvert nos boutons qui parfument la plaine :
Aucun hôte de l'air, aucune abeille encor
Ne s'étaient enivrés à nos calices d'or.
Le miel y reposait. Ce fut toi la première
Qui vins, qui respiras notre odeur printanière;
Tu nous cueillis, et nous qui n'avions pour fleurir
Qu'un matin, avant l'heure il nous fallait mourir.
Encor nous nous donnions avec joie en offrande
Pour orner tes cheveux d'une fraîche guirlande,
Pour briller sur ton front, pour embaumer ton sein;
Et voilà que tu vas, sans regret, sans dessein,
Nous semant par la plaine, où le vent, la poussière,
Et le pied du passant, cette injure dernière,
Flétriront sans retour nos pétales meurtris,
Qui jusqu'au soir peut-être auraient été fleuris!
Retourne-toi! contemple un instant nos corolles
Rouvrant pour t'accuser leurs lèvres sans paroles;
Respire encor, respire un seul instant, rien qu'un,
Leur suprême soupir, leur suprême parfum;
Donne un dernier regret aux victimes gisantes
Qui sous tes pieds mutins périssent innocentes,
Et nos âmes de fleur en paix s'envoleront
Où tout fuit, où fuira la beauté de ton front,
Et ta jeunesse heureuse, et la vive allégresse
Qui brille sur ta lèvre, ô folle enchanteresse!

Où fuiront tes désirs, tes rêves, ton amour;
Où toi-même... Imprudente! Ah! garde qu'à ton tour
Un être sans pitié comme toi ne te cueille,
Et, jouet d'un instant, sans remords ne t'effeuille! »

Or l'enfant s'en allait, rieuse, par les champs;
L'oreille inattentive aux reproches touchants,
Elle allait; et l'air pur, le parfum des campagnes,
Et les rires lointains de ses jeunes compagnes,
L'excitaient à la joie; et sa distraite main,
Semant toujours ses fleurs, en jonchait le chemin.....

Mais quand elle revint, sur le soir, sa figure
Était triste; ses pieds, dans la poussière impure,
Soulevaient cent débris informes et souillés;
Et, le cœur gros de pleurs, les yeux de pleurs mouillés:

« O mes fleurs! disait-elle, ô fleurs, si parfumées
Quand je vous effeuillais, quand je vous ai semées,
Ce matin, sur la route, où donc est votre éclat?
La poussière a terni ce contour délicat,
Le soleil a séché ces feuilles odorantes,
Et les passants oisifs, et les chèvres errantes,
Ont fait de vous, hélas! un objet de mépris;
Et moi-même.... je pleure en foulant vos débris.
Combien un seul matin a changé mes pensées!
Je vous plains à mon tour, victimes dispersées,
Fleurs à qui le parfum ne peut être rendu.
Comme votre beauté, mon repos est perdu!

Juillet 1849.

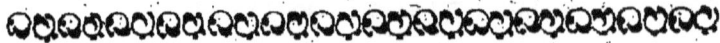

LES CORBEAUX.

BALLADE.

La nuit descend, nuit douce et printanière.

> Le vieux Comte assassiné
> Gît dans la sombre clairière.
> Nul n'a fermé sa paupière;
> Il dort sans croix, sans prière....
> Les corbeaux ont bien dîné!

Le bois exhale un parfum qui pénètre.

> Le coup mortel fut donné
> Qui sait comment? Par quel traître?
> Qui le sait? Dieu, le grand maître,
> Et deux complices, peut-être....
> Les corbeaux ont bien dîné!

La lune court de nuage en nuage.

> Le faucon chaperonné
> N'est pas rentré dans sa cage.
> La Comtesse au doux visage
> Sourit à son gentil page....
> Les corbeaux ont bien dîné!

SECRÈTE PENSÉE.

DANS ton cœur joyeux ou blessé,
Tu gardes à jamais empreintes
Les reliques mornes et saintes,
Les traces mortes du passé.

Comme un bourdonnement d'abeille,
Un murmure vague et confus
T'entretient de ce qui n'est plus,
Et tu prêtes en toi l'oreille.

Sur ta lèvre où tout bruit s'est tu
Posant tout à coup ton doigt rose,
Tu dis : « Je pense à quelque chose ! »
O rêveuse, à quoi penses-tu ?

9..

Qui le sait? qui le pourrait dire?
Tu laisses à tous ignorer
Quel souvenir te fait pleurer,
Quel vague espoir te fait sourire.

Tu dérobes à tous les yeux
Ton âme : il faut qu'on la devine.
C'est une fleur chaste et divine,
Qui ne s'ouvre que pour les cieux.

Mais c'est un bonheur doux et triste
Que de la respirer d'en bas,
Cette fleur qu'on n'entrevoit pas,
Et de connaître qu'elle existe.

LE COMTE ADICK,

BALLADE.

A MON CHER ONCLE PAUL RICHER.

LA trompette des alarmes
A sonné dans les châteaux.
Le comte Adick prend ses armes
Et rassemble ses vassaux.
A l'appel de la patrie,
Jamais magnat de Hongrie
N'a tardé, même d'un jour.
Il met sa cotte de maille;
Son bon cheval de bataille
Hennit au pied de la tour.

Une belle et noble Dame
Regarde tous ces apprêts,
Et sourit, la mort dans l'âme,
D'un sourire pur et frais :
C'est la jeune fiancée,

Qui concentre sa pensée
Sur le Comte, ses amours,
Qu'elle voit, de sa fenêtre,
Partir, pour longtemps peut-être,
Et peut-être pour toujours.

Mais de gémir elle a honte,
Car la Hongrie en danger
Appelle le noble Comte
Pour combattre et la venger.
Aux brillants éclairs du sabre,
Au destrier qui se cabre,
Elle rit avec effort;
Elle parle de victoire,
De prochain retour, de gloire,
Et rêve blessure et mort.

« Je pars, ma blonde Gisèle;
Mais je te rapporterai
Et mon cœur aussi fidèle,
Et mon nom plus honoré.
Cet anneau de fiancée
Tient mon âme à toi fixée
D'un nœud qu'on ne peut briser! »
Puis il prend sa main petite,
Et sur la bague bénite
Il dépose un doux baiser.

Soudain la trompette sonne;
L'adieu se perd dans le bruit.

Sur le coursier qui frissonne
Le Comte part : tout le suit.
Au soleil, dans la poussière,
Flotte la rouge bannière
Et luit mainte armure en feu ;
Gisèle en pleurs suit leur trace,
Et le dernier bruit qui passe
Lui porte un dernier adieu.

Adick, aux champs du carnage,
Fait briller son noble cœur.
La gloire aime le courage ;
Adick est partout vainqueur.
Cependant sa fiancée,
D'un mal dévorant blessée,
Voit de bien près le tombeau,
Et le venin qui ravage
Marque en sillons son passage
Sur ce front hier si beau.

La beauté n'est rien pour elle ;
Cependant à son miroir
Elle court, pauvre Gisèle,
Et frémit de s'y revoir !
Un deuil affreux la dévore ;
Comment plaira-t-elle encore
A ce héros des combats,
Qui déjà revient peut-être,
Et, la voyant apparaître,
Ne la reconnaîtra pas ?

« Oh! je voudrais être morte!
Pourquoi voir encor le jour,
Si le mal qui fuit m'emporte
Mon bonheur et mon amour?
Tandis qu'à son apanage
Adick joint, par son courage,
La gloire d'un nom vanté,
Je perds ma seule richesse,
Mon seul titre à sa tendresse,
Ma couronne de beauté! »

Tandis qu'elle fond en larmes,
Partout résonne à la fois
Le bruit des pas et des armes.
Du comte Adick c'est la voix :
« Où donc es-tu, ma Gisèle?
Viens! viens! celui qui t'appelle,
C'est ton bien-aimé; c'est moi! »
Elle frémit de l'entendre.
Ce cri d'une voix si tendre
Lui remplit le cœur d'effroi.

« Ne m'approche pas, dit-elle
Dans son douloureux émoi.
Fuis! j'ai cessé d'être belle;
Je suis indigne de toi! »
Et ses deux mains, avec crainte,
D'une convulsive étreinte
Voilaient son front agité.
Mais lui : « Viens à moi! je t'aime!

Si ton amour est le même,
Que m'importe ta beauté! »

« — Non! à mon âme éperdue
Épargne ce désespoir;
Tu frémirais à ma vue! »
« — Mes yeux ne peuvent plus voir!... »
Elle regarde.... A la guerre,
D'une atteinte meurtrière,
Le comte a perdu les yeux.
« Adick, ô toi que j'adore,
Tu peux donc m'aimer encore!
Soyez bénis, justes cieux! »

Partout la jeune comtesse
Conduit l'aveugle adoré;
Et si d'une gaze épaisse
Elle a le front entouré,
Ce n'est pas qu'elle regrette
Sa forme autrefois parfaite :
Elle craint, d'un cœur jaloux,
Que sur sa beauté perdue
Quelque parole entendue
N'attriste son noble époux.

A

UN TOIT HOSPITALIER.

Que jamais dans ses dons l'Éternel ne t'oublie,
Que l'orage t'épargne, ô toit hospitalier!
Car j'ai trouvé la joie et l'amitié chérie,
Hôtes charmants, assis autour de ton foyer.

D'un manteau verdoyant que la paix t'environne;
Que pour tes habitants les jours soient sans douleurs;
Que les ans tour à tour embaument ta couronne
De la saveur des fruits et du parfum des fleurs!

Toi, n'en sois point jalouse, ô ma chère Neustrie!
Ton doux nom dans mes chants ne fut pas oublié.
Tu m'as donné le jour; mais, pour moi, la patrie
Est partout où mon cœur rencontre l'amitié.

SOURIRE ET PLEURS.

A MARIE DÉSIRÉE.

QUAND tu souris, à quoi sert de me dire
Quel songe heureux a charmé ton sommeil?
Ton bonheur seul me suffit; ton sourire
Est pour mon cœur un rayon de soleil.

Mais sur ton front quand un chagrin se pose,
Mais quand tes yeux sont inondés de pleurs,
Alors je veux en connaître la cause;
J'en veux ma part, j'ai droit à tes douleurs.

Tout mon bonheur n'est-il pas dans ta joie?
Tout mon malheur n'est-il pas dans ton deuil?
Te soutenir, te guider dans ta voie,
Te rendre heureuse, est mon plus doux orgueil.

Mais quand je vois tomber ces tristes gouttes
Sur ton visage éteint et languissant,
J'échangerais, pour les racheter toutes,
Contre chacune une goutte de sang.

COMBAT DE COQS.

IDYLLE ANTIQUE

D'APRÈS LE TABLEAU DE GÉROME.

Quoi! pas même un baiser, Daphné, Daphné cruelle?
—Non! laisse-moi, Chromis! » Mais la vierge rebelle,
Déguisant son amour d'un voile de rigueur,
Refusait de la bouche et consentait du cœur.
Chromis reprit alors : « Vois-tu, près de cet arbre,
Cet autel en ruine et ce grand sphinx de marbre?
L'herbe naissante y forme un siége épais et doux;
La Dryade a fleuri cet asile pour nous.
Suis-moi. J'ai déposé sous ce riant bocage
Deux coqs fiers prisonniers dans une double cage;
Je veux te les montrer. Crains-tu rien d'un amant?
Je le jure, et les Dieux écoutent mon serment,
Je ne tenterai rien qui te puisse déplaire.
Viens de mes deux captifs admirer la colère,
Leurs yeux étincelants, leurs gestes animés.
J'ouvrirai le passage aux lutteurs emplumés;

Tu les verras soudain, franchissant la barrière,
L'un vers l'autre élancés, dans leur lutte guerrière,
Se prendre, se quitter, et, les ongles sanglants,
Se menacer du bec et se battre les flancs. »
Or Daphné : « Voyons-les, ces belliqueux athlètes;
Mais puisque toi, Chromis, tu me donnes des fêtes,
Quels seront et le prix et l'arbitre des jeux?
— Et l'arbitre et le prix, c'est toi, si tu le veux.
Tu lanceras toi-même un des coqs dans l'arène;
Il sera ton champion. S'il est vaincu, pour peine
Tu paîras deux baisers. — Mais s'il battait le tien?
— Si le tien est vainqueur, hélas!... je n'aurai rien. »

Ils disaient, et bientôt de leurs cages ouvertes
Le berger délivra les combattants alertes.
Daphné choisit un coq valeureux et puissant,
Qui d'abord frappa l'air d'un cri retentissant.
Le lutteur de Chromis, plus délicat, plus frêle,
Roulait un œil oblique et semblait traîner l'aile.
Dès le premier assaut, la timide Daphné
Ne vit pas sans frayeur le combat acharné.
Interdite, une main sur la cage appuyée,
De l'autre elle pressait sa poitrine effrayée.
Cependant, attentive à leurs chocs furieux,
Elle ne pouvait plus en détourner les yeux.
Plus habile, Chromis, saisissant l'avantage,
De son coq chancelant ranimait le courage,
Le flattait de la main, l'excitait de la voix.
L'ennemi bondissant menaçait à la fois
Des ongles et du bec; mais le faible adversaire,

Par la feinte échappant au péril qui l'enserre,
Se détourne, et tandis qu'incertain sur le sol
Le lutteur de Daphné se préparait au vol,
Il le frappe du bec, et redouble, et l'accable,
Et le jette sanglant, vaincu, mort sur le sable.

Or, tandis que de l'aile il fustigeait les airs,
Se hérissait, lançait de ses yeux deux éclairs,
La crête relevée et chantant sa victoire,
Daphné fuyait au bruit des fanfares de gloire.
Elle fuyait, légère; elle était déjà loin.
Et Chromis : « Ah! parjure! ah! le ciel m'est témoin
Que tu n'as pas rempli la promesse donnée! »
L'enfant capricieuse, à ses cris retournée,
Riait de sa fureur et de son embarras.
Chromis vole; il l'arrête, il la tient dans ses bras.

Ah! qu'il est doux, après la course palpitante,
D'embrasser la parjure émue et haletante!
Son visage est plus rose et son cœur bat plus fort.
Elle rit, elle essaie un impuissant effort,
Et détourne la bouche, et feint de se défendre,
Et ne veut refuser que pour mieux laisser prendre.

Juillet 1851.

AMITIÉ MORTE.

Elle est morte! elle est morte,
Ma plus chère amitié!
Le fossoyeur l'emporte;
C'est à faire pitié!

Je gardais, ô folie,
Son doux rêve en moi seul!
Elle est ensevelie
Froide en ce froid linceul;

Et mon esprit, plus sombre
Qu'il ne fut gai jadis,
Va chantant à son ombre
Un long *De profundis!*

C'était mon bien, ma joie,
Et la chair de ma chair;
Un seul éclair foudroie
Tout ce qui me fut cher.

D'une âme trop aimante,
Toi, qui t'es fait un jeu,
Tu ris.... Je me lamente :
Cela t'importe peu.

C'était facile chose
De te laisser chérir ;
Mais ton humeur morose
Ne se plaît qu'à meurtrir.

Ta langue frappe et navre ;
C'est un dard venimeux.
Elle a fait un cadavre
De qui t'aimait le mieux.

Mon amitié fidèle
N'est plus qu'un froid lambeau ;
Dans mon cœur plus froid qu'elle
Je l'ai mise au tombeau.

Adieu ! je lance au gouffre
Tous mes maux révolus.
A ton tour pleure et souffre :
Les morts ne souffrent plus !

HISTORIETTE DU TEMPS PASSÉ

TALLEMANT des Réaux est un conteur parfait;
Son style a du piquant, de la force, du trait;
Il ne farde jamais la pensée, et sa prose
Nomme sans marchander par son nom chaque chose.
Mais ce que j'aime en lui, bien que leste et moqueur,
C'est qu'il ne raille pas les sentiments du cœur.
Je veux en rapporter une histoire charmante :

« Un Monsieur de Givry naguère eut pour amante
Une dame de qui le nom me fut caché.
A la dame il était vivement attaché,
Et comme il voyait bien qu'elle l'aimait de même,
Il en voulait avoir une faveur suprême.
« Si vous saviez, dit-elle, en quel malheur je suis,
» Mon ami, vous auriez pitié de mes ennuis.
» A vous perdre jamais je ne puis me résoudre,
» Et je sens qu'en mon cœur je ne pourrais m'absoudre
» De vous avoir cédé selon votre désir.
» Je vous aime et je meurs de cruel déplaisir. »

Le cavalier connut, à sa figure éteinte,
A ses pleurs, que ces mots n'étaient pas une feinte.
Encor qu'il fût certain qu'il n'avait qu'à vouloir
Et qu'à persévérer un temps pour tout avoir,
Il en fut si touché qu'il lui dit : « Je vous aime,
» Madame; mais je prends à témoin le ciel même
» Que je n'en dirai mot, content de la douceur
» De pouvoir vous chérir comme on fait une sœur. »

Une chose avant tout me charme dans ces lignes;
Ce sont des sentiments si chastes et si dignes
Dans un siècle souvent décrié pour les mœurs.
Aurions-nous aujourd'hui de plus pures humeurs?
Non sans doute, et je crois que nos Don Juan modernes
Traiteraient ce récit de sottes balivernes.
Des Réaux cependant n'est pas collet-monté;
Il ne nous mâche rien, parle avec crudité :
Il admire la chose et la trouve fort belle.
Mais nos galants du jour sont d'une autre cervelle;
L'amour n'est rien pour eux qu'une course au clocher,
Un but qu'à travers champs il faut aller chercher,
Au galop, en sautant des ruisseaux et des haies.
Ils sont peu soucieux des affections vraies;
Ils n'admettent qu'un point : distancer les rivaux;
Et les femmes, pour eux, sont moins que les chevaux.

LE ROI DE MER,

BALLADE.

———

A FRÉDÉRIC BAUDRY.

Seule, accoudée aux créneaux de la tour,
La blonde enfant du Koning de Norwége,
Les yeux rêveurs, penchait son front de neige
Vers l'Océan qui grondait à l'entour.

La mer montait, vaste, profonde et fière;
A l'horizon, la lune au front changeant
Sortait de l'onde, et son disque d'argent
Versait à peine une blanche lumière.

Du sein des flots lentement entr'ouverts
Semble monter une figure vague
Qui se dessine au travers de la vague :
C'est un jeune homme au corps pâle, aux yeux verts.

10..

La vierge a vu, terrifiant prodige!
Un regard fixe enchaîner son regard;
Sa voix s'éteint, son œil devient hagard,
Elle a senti les frissons du vertige.

Car ce jeune homme est un roi de la mer;
Il nage, il sort de la vague azurée,
Et malgré soi, vers l'abîme attirée,
L'enfant se penche et tombe au gouffre amer.

Nul n'entendit ses plaintes étouffées;
L'onde un instant bouillonna près du bord;
L'enfant n'eut pas d'autres hymnes de mort
Que la chanson des Elfes et des Fées.

« Viens! disaient-ils, blanche perle du Nord!
Viens te bercer à notre doux murmure.
Moins belles sont que ta pâle figure
Les fleurs des mers où ton œil bleu s'endort.

» Nous t'aimerons, nous les Elfes des grèves;
A toi nos dons, nos trésors les plus beaux,
Les fleurs des rocs, les diamants des eaux,
Et nos palais plus brillants que tes rêves!

» Viens avec nous! Loin de ton sol neigeux,
De notre roi tu deviendras l'épouse;
Ton ciel sera la mer vaste et jalouse;
Tu régneras sur l'empire orageux.

» Tu plongeras dans ces conques nacrées,
Pavillons d'or, labyrinthes d'azur,
Où nous dormons, quand sur le flot obscur
La lune épand ses lueurs éthérées.

» Nous te ferons des jardins de corail;
Nous donnerons pour ombre à ta retraite
L'arbre de pourpre où le poisson s'arrête,
Comme un fruit d'or sous des rameaux d'émail.

» Viens donc en paix, enfant aux tresses blondes;
L'heure éternelle a commencé pour toi.
Viens avec nous, reine de notre roi! »
Ainsi chantaient les esprits bleus des ondes.

Ainsi ce corps si beau dans sa fraîcheur,
L'Océan froid le berçait sous ses ombres,
Et de doux chants, venus des gouffres sombres,
Dans son esquif étonnaient le pêcheur.

LE VIEUX FOSSOYEUR.

———

Voyez-vous cheminer tout seul
Ce vieillard au vêtement sombre?
Il est courbé comme un aïeul;
Il marche sans bruit comme une ombre.

Dans les plis épais d'un drap noir,
Il emporte sous son bras gauche
Un long coffret qui laisse voir
Je ne sais quelle informe ébauche.

Ce vieillard, c'est un fossoyeur;
Un enfant est dans cette bière;
Du tombeau le noir pourvoyeur
Va lentement au cimetière.

On dirait qu'il berce en marchant
Le petit corps, vieillard étrange,
Et tout bas il lui dit un chant
Qui l'endorme en son dernier lange.

« Te voilà, petit orphelin,
Le front pâli, les lèvres blanches,
Entouré d'un morceau de lin,
Et couché dans un lit de planches.

» Tu t'en vas sans avoir goûté
Les plaisirs corrompus de l'homme;
Tu vas dormir l'éternité;
Petit, tu vas faire un bon somme.

» Mieux vaut ne pas manger un pain
Trempé de pleurs et d'amertume;
Jeune, on dort mieux dans le sapin
Que vieux dans un bon lit de plume.

» Notre vie à tous ici-bas
Est une mort perpétuelle;
Tandis qu'en ce monde où tu vas,
La mort est la vie éternelle.

» Sur le sol dont je vais couvrir
Tes yeux flétris dans leurs orbites,
Ton petit corps fera fleurir
Du gazon et des marguerites.

» Ton âme quitte un triste lieu
Pour le ciel; tu gagnes au change.
Tu meurs sans péché: le bon Dieu
Va de toi faire un petit ange.

» Petit, quand tu seras aux cieux,
Quand tu verras Dieu sans mystère,
Parle-lui pour ce pauvre vieux
Qui t'a creusé ton lit sous terre. »

Ainsi, s'entretenant tout seul,
Le vieillard au vêtement sombre
Passe courbé comme un aïeul;
Et s'en va sans bruit comme une ombre.

LE

JARDIN DE WANG-WEÏ.

Du haut en bas du pavillon
Brillait l'émail des briques vertes;
Autour des fenêtres ouvertes
Resplendissait le vermillon.

Sur les piliers, sur les murailles,
Aux solives du corridor,
S'enlaçaient mille dragons d'or
Cuirassés de larges écailles.

Un bord dentelé couronnait
Le toit de porcelaine antique;
La girouette fantastique
Sur le ciel bleu se contournait.

Les plus beaux oiseaux de la terre
Chantaient dans les bosquets obscurs;
Les fleurs aux parfums les plus purs
Étincelaient dans le parterre.

Séduit par l'éclat du verger,
J'admirais sa splendeur féconde,
Et je ne trouvais rien au monde
Plus beau que les fleurs du pêcher.

Mais tout à coup je vis sourire,
Entre les treillis de bambous,
Deux de ces yeux brillants et doux
Pour qui l'on perdrait un empire.

L'éventail léger se plia;
J'aperçus l'enfant rose et blanche,
Souple comme un saule qui penche,
Fraîche comme un camélia.

A sa grâce, à son regard tendre,
A ses sourcils fins et soyeux,
Je crus voir la fille des Dieux
Qui parmi nous daignait descendre.

A mon aspect elle sourit,
La belle enfant aux dents de jade;
Puis des rougeurs de la grenade
Son front délicat se couvrit.

O printemps! tes beautés nouvelles
N'ont plus d'attrait pour me toucher;
J'admirais les fleurs du pêcher,
Et maintenant j'ai pitié d'elles!

SOIR D'ÉTÉ.

A MARIE DÉSIRÉE.

Vois! le soir est si calme et le ciel est si bleu!
Demeure encor, demeure assise à cette place.
Pressé contre ton cœur, je n'entends dans l'espace
Que ses doux battements près de mon front en feu.

Nulle brise ne court, nul feuillage ne ploie.
Les oiseaux et les fleurs s'endorment dans la nuit.
Ils vont rêver d'amour; restons comme eux sans bruit;
Nous qui sommes heureux, ne troublons pas leur joie.

Il est, dans cette paix qui suit la fin du jour,
Je ne sais quelle extase imposante et divine.
L'être le plus petit, dans sa frêle poitrine,
Renferme un monde entier de prière et d'amour.

L'alouette s'élève en songe plus légère,
L'insecte bourdonnant rêve un ciel tout d'azur.
Chaque fleur est une âme et verse dans l'air pur
Un parfum plus voilé qui semble une prière.

Ce monde qui s'endort aux pieds du Créateur,
Et la terre, et le ciel, et ces milliers de mondes,
Que chaque soir rallume au sein des nuits profondes,
Répondent par leur calme au calme de mon cœur.

C'est la nuit! la nuit douce auprès de toi que j'aime.
Dormez, petites fleurs! petits oiseaux, dormez!
Moi je lis dans ton âme et dans tes yeux aimés
Un bonheur calme et pur comme le ciel lui-même.

CHERIFA,

CHANSON ARABE.

A FÉLIX ANDRY.

Mon cheval est roi de l'espace.
Moins prompt que lui le coup d'œil passe,
Moins prompts les éclairs des fusils.
Il boit le vent! et son crin sombre
Est bleu comme un pigeon dans l'ombre :
Mebrouck est l'orgueil du pays.

Au loin nos tribus sont errantes.
Où rencontrer leurs larges tentes?
Où sont les vierges du Guébla
Et leurs pavillons d'écarlate?
Où sont le tapis et la natte,
Et l'hospitalité d'Allah?

N'avez-vous pas eu des nouvelles
De nos juments, de nos chamelles,
Des puits où mes frères ont bu?...
Dieu rende aveugles les infâmes
Qui pourraient porter dans leurs âmes
Haine aux enfants de ma tribu!

Leur course au midi se prolonge,
Et mon cœur dans l'ennui se plonge.
Mebrouck, porte-moi vers les miens!
Mon oncle a des juments de race;
De leurs aïeux on suit la trace
Depuis les temps les plus anciens.

Chacune en sultane s'avance;
Un nègre de Kora les panse,
Un nègre plus noir qu'un cercueil.
Il les mène au bain; il leur donne
Le lait pur, l'orge qui foisonne.....
Dieu les garde du mauvais œil!

Dans leur troupe à l'amour rebelle,
Mebrouck, tu prendras la plus belle,
Et moi je verrai Chérifa;
Chérifa, cette beauté fière,
La plus noble et la plus altière
Qu'un dharaï jamais coiffa.

Ses cheveux, où l'or s'entrelace,
Tombent autour d'elle avec grâce;

Vous diriez le plumage noir
De l'autruche à la voix stridente,
Qui demeure au désert et chante
Auprès de ses petits le soir.

Son sourcil noir est l'arc du More ;
Les cils de cet œil que j'adore
Sont pareils aux barbes du blé
Mûri dans la saison nouvelle ;
Son œil est l'œil de la gazelle
Au pied rapide, au cœur troublé.

Sa bouche est l'aurore vermeille ;
Son haleine au musc est pareille ;
De ses dents les deux rangs unis
Semblent les gouttes de rosée
Dont au matin est arrosée
La fleur qui parfume Tunis.

Près de sa peau douce et musquée,
Du minaret de la mosquée
L'albâtre étincelant jaunit ;
Moins pure est la lune sans voile,
Moins radieuse est une étoile
Qu'aucun nuage ne ternit.

Le dessin d'un bleu tatouage
Ajoute encore à son visage
Je ne sais quel charme attrayant ;
On dirait la fleur de la fève.

Dieu la fit belle comme un rêve,
Pour ravir l'esprit d'un croyant.

O toi, qui connais la contrée,
Colombe à l'aile bigarrée,
Qui portes un burnous d'azur
Si bienséant à tes épaules,
Toi qui roucoules sous les saules,
Pars! vole à travers le ciel pur!

Oiseau! ma force est abattue :
L'amour, c'est la flèche qui tue;
L'amour, c'est le poignard vainqueur!
Va dire à celle qui me charme
Qu'elle m'a porté, de cette arme,
Deux coups, l'un aux yeux, l'autre au cœur!

LE SPECTRE DU FIANCÉ.

I

Quand tu danses, rieuse, et brillante, et parée,
    Ne vois-tu pas
De ton fiancé mort la figure effarée
    Qui suit tes pas?

Dans un gai tourbillon quand la valse t'emporte
    Parmi les fleurs,
Ne vois-tu pas tourner la tête pâle et morte
    Du spectre en pleurs?

Tu l'avais oublié; mais quelqu'un par mégarde
    L'ayant nommé,
Tu crois l'apercevoir, là-bas, qui te regarde,
    Inanimé!

Un voile est sur ta vue, et les lustres pâlissent.
    Leurs feux tremblants

Montrent le bal peuplé de fantômes, qui glissent
        Muets et blancs.

L'orchestre ne murmure à ton oreille éteinte
        Qu'un chant de deuil;
Les rires des danseurs te semblent une plainte
        Sur un cercueil.

L'effroi serre ta gorge, et le frisson agite
        Ton corps joyeux;
Et des pleurs ont monté, de ton cœur qui palpite,
        Jusqu'à tes yeux.

II.

Danse, jeune fille, danse;
Il est mort depuis six mois;
Ce n'est pas aux morts qu'on pense,
Ce n'est pas aux cercueils froids!

L'oubli sied bien aux fronts roses.
Te souviendras-tu demain
De ces fleurs à l'aube écloses
Pour se faner dans ta main?

Elles n'auraient pas peut-être,
Pour parer ton front si beau,
Eu le temps qu'il faut pour naître
Sur l'herbe de son tombeau.

Danse, danse! mais redoute,
Une nuit, après le bal,
A l'heure sombre où l'on doute,
De voir le spectre fatal.

Sa voix morte, pour la danse,
Comme autrefois te prîra;
Son bras osseux, en cadence,
A ton corps s'enlacera.

Ta joue ardente de fièvre,
Tes cheveux blonds et soyeux,
Toucheront ses dents sans lèvre
Et ses orbites sans yeux.

Toi, frissonnant sous tes voiles,
Tu suivras ses pas pressés,
A la lueur des étoiles,
Dans le champ des trépassés.

Le vent nocturne, qui pleure
Comme la voix du remords,
Dans les cyprès qu'il effleure
Dira de tristes accords.

Et tous deux, par les ténèbres,
A travers mille détours,
Entre les dalles funèbres,
Vous irez valsant toujours.

11..

III.

Enfin tu faibliras, par le spectre enlacée....
    Tes pleurs amers t'éveilleront,
Pâle, sentant toujours son étreinte glacée
    Et son baiser froid sur ton front.

Chassé par les plaisirs que ramène l'aurore,
    Il fuira, le rêve insensé;
Mais, la nuit, tu craindras de voir paraître encore
    Le fantôme du fiancé.

BOHÉMIENS.

S<small>UR</small> le bord de la clairière,
J'ai trouvé trois bohémiens,
Au soleil, dans la bruyère,
Accroupis comme des chiens.

Le premier, râclant sa viole,
Souriant, l'œil vif et noir,
Jouait une chanson folle
Aux rayons couchants du soir.

L'autre, sa pipe allumée,
Comme un pacha, calme et fier,
Suivait des yeux la fumée
Qui se dissipait dans l'air.

Qu'il dormait bien, le troisième!
Un beau rêve le berçait,
Et sur son front de bohême
Le bonheur resplendissait.

Ils n'avaient rien pour chevance
Que des haillons sans couleurs;
Mais leur fière imprévoyance
Bravait chagrins et douleurs.

Lorsque le destin nous pipe,
C'est une triple leçon
De le narguer par la pipe,
Le sommeil et la chanson.

RÉSIGNATION.

———

Je voudrais te savoir heureuse et couronnée
Du bonheur idéal que j'ai rêvé pour toi,
Me fallût-il te perdre et te voir entraînée
      Loin de moi!

A toi l'éclat, la joie; à moi le deuil et l'ombre!
Mais au sein des plaisirs naissants autour de toi,
Si parfois dans ton cœur il restait un coin sombre,
      Pense à moi!

Si jamais ta gaîté fuyait à tire-d'aile,
Si tes amis trompeurs se détournaient de toi,
Songe qu'il en est un dont le cœur est fidèle :
      Aime-moi!

Si le sort te trahit : — le bonheur, comme une onde,
Peut fuir, et dans un jour tout briser devant toi ; —
Si, pauvre et sans appui, tu restes seule au monde,
          Viens à moi !

Mais non ! que l'Éternel détourne les orages,
Que la sérénité rayonne autour de toi !
Que l'oubli, la douleur et les sombres nuages
          Soient pour moi !

L'IDÉAL.

Lorsque l'Idée afflue et monte
Dans mon cerveau qu'elle ravit,
Si je pouvais, comme la fonte
Que l'on jette au moule et qui vit,

La couler dans sa pure forme,
Dans sa grâce ou dans son ampleur,
Plus forte qu'un colosse énorme,
Plus délicate qu'une fleur,

Oh! j'aurais une poésie
A tenir le monde enchanté,
Belle comme la fantaisie,
Grande comme l'éternité!

Mais quand il faut que je modèle,
Dans un langage glacial,
L'image toujours infidèle
De l'insaisissable Idéal;

Pensée! archange de lumière,
Étoile au radieux sillon,
Plus fragile que la poussière
Sur les ailes du papillon,

Quand il faut que je te saisisse,
Quand il faut que d'un doigt grossier
Je t'enchaîne et je t'assouplisse
Dans mon vers aux mailles d'acier,

Je sens que je suis sacrilége,
Que je mets en captivité
Celle dont le saint privilége
Est l'espace et la liberté.

Je sens que j'arrache au bocage
Le rossignol mélodieux,
Pour l'enfermer dans une cage,
Sans fleurs, sans ailes et sans yeux.

Si dans la prison douloureuse
Il jette encore un chant furtif,
Ce n'est plus une hymne amoureuse;
Mais c'est la plainte d'un captif.

Ainsi, mes rimes cadencées
Ne sont plus que le cri moqueur,
L'écho douloureux des pensées
Qui chantaient si bien dans mon cœur.

Hélas! hélas! tout ce que j'aime,
Tout ce qu'en moi je sens frémir,
Doit-il mourir avec moi-même
Et sous terre avec moi dormir?

FIN.

ACHEVÉ D'IMPRIMER PAR A. GOUVERNEUR,

A NOGENT-LE-ROTROU,

LE IX FÉVRIER M D CCC LXVI.

TABLE.

—

PROSPER BLANCHEMAIN

POÉSIES

TOME TROISIÈME

IDÉAL

PARIS

AUGUSTE AUBRY

Libraire de la Société des Bibliophiles Français

18, RUE SÉGUIER

1877

PROSPER BLANCHEMAIN

Poésies : T. I. Poèmes et Poésies, 3ᵉ édition ; T. II. Foi, Espérance et Charité, 2ᵉ édition ; T. III. Idéal, 2ᵉ édition ; T. IV. Fleurs de France ; T. V. Sonnets et fantaisies. Cinq vol. in-18, tirés à 500 exemplaires ; plus 55 exemplaires in-8º. Paris, Aubry, 1866-1875. (Épuisé.)

OEuvres poétiques de Vauquelin DES YVETEAUX, réunies pour la première fois. Un vol. in-8º, tiré à 300 ex. Paris, Aubry, 1854.

OEuvres inédites de RONSARD. Un vol. in-16, tiré à 310 ex., plus un tirage à 25 ex. in-fol. et 25 in-4º. Paris, Aubry, 1855.

OEuvres, complètes de P. DE RONSARD. Huit vol. in-16 (Biblioth. Elzevirienne). Paris, Daffis, 1857-1867, tirés à 1200 ex. (Presque épuisé.)

OEuvres poétiques de Fr. DE MAYNARD. Trois vol. in-18. Paris, Gay, 1864-1867, tirés à 100 exemplaires.

Poésies de Jacques TAHUREAU (du Mans). Deux vol. in-18. Genève, Gay, 1868, 1869, tirés à 100 exemplaires.

Elégies de J. DOUBLET, publiées pour la Société des Bibliophiles Normands, avec une préface et des notes. Rouen, 1869, petit in-4º, tiré à 100 exemplaires.

Le Plaisir des Champs, poème cynégétique par CL. GAUCHET. Un vol. in-16 (Bibliot. Elzevirienne). Paris, Daffis, 1869.

Poésies d'OLIVIER DE MAGNY (Amours, Gayetez et Souspirs). Trois vol. petit in-4º. Turin, Gay, 1869-1870, tirés à 100 exemplaires.

OEuvres complètes de MELIN DE SAINCT-GELAYS. Trois vol. in-16 (Bibl. Elzevirienne). Paris, Daffis, 1873, tirés à 1200 exemplaires.

Rondeaulx et vers d'amour de J. MARION. In-8º. Paris, Willem, 1873, tirés à 100 exemplaires.

Vie de R. Angot de l'Esperonnière, ses Bouquets poétiques et son Chef-d'œuvre poétique, publiés pour la Société Rouennaise de Bibliophiles. Trois vol. in-4º. Rouen, 1872-1873, tirés à 55 exemplaires.

Poésies de J. TAHUREAU, du Mans. 2 vol. in-12. Paris, Jouaust, 1870, tirés à 333 exemplaires.

OEuvres de Louise LABÉ. In-12. Paris, Jouaust, 1875, tirées à 350 exemplaires.

Poètes et Amoureuses, profils littéraires du XVIᵉ siècle. Paris, Willem, 1877, un vol. in-8º, orné de portraits.

OEuvres Poétiques de Malherbe, avec une notice et des notes. Paris, Jouaust, 1877. In-16 et in-8º.

Poésies de Courval-Sonnet. Paris, Jouaust, 1876-77. Trois vol. in-16.

Nouveaux satires et exercices de ce temps, par R. Angot de l'Eperonnière. Paris, Lemerre, 1877. In-16 elzevirien.

Sous presse : Poésies de Jean Passerat, de Marie de Romieu, etc.

POÉSIES

DE

PROSPER BLANCHEMAIN

III

Tiré   à   petit   nombre

PROSPER BLANCHEMAIN

POÉSIES

TOME TROISIÈME

IDÉAL

PARIS

AUGUSTE AUBRY

Libraire de la Société des Bibliophiles Français

18, RUE SÉGUIER

1877

BOHÉMIENS.

———

Sur le bord de la clairière,
J'ai trouvé trois bohémiens,
Au soleil, dans la bruyère,
Accroupis comme des chiens.

Le premier, râclant sa viole,
Souriant, l'œil vif et noir,
Jouait une chanson folle
Aux rayons couchants du soir.

L'autre, sa pipe allumée,
Comme un pacha, calme et fier,
Suivait des yeux la fumée
Qui se dissipait dans l'air.

Qu'il dormait bien, le troisième !
Un beau rêve le berçait,
Et sur son front de bohême
Le bonheur resplendissait.

Ils n'avaient rien pour chevance
Que des haillons sans couleurs ;
Mais leur fière imprévoyance
Bravait chagrins et douleurs.

Lorsque le destin nous pipe,
C'est une triple leçon
De le narguer par la pipe,
Le sommeil et la chanson.

Ainsi, mes rimes cadencées
Ne sont plus que le cri moqueur,
L'écho douloureux des pensées
Qui chantaient si bien dans mon cœur.

Hélas ! hélas ! tout ce que j'aime,
Tout ce qu'en moi je sens frémir,
Doit-il mourir avec moi-même
Et sous terre avec moi dormir ?

FIN.

IMPRIMERIE GOUVERNEUR, G. DAUPELEY
A NOGENT-LE-ROTROU

PROSPER BLANCHEMAIN

Œuvres poétiques de Vauquelin DES YVETEAUX, réunies pour la première fois. Paris, Aubry, 1854. Un vol. in-8, portrait.

Tiré à 250 exemplaires sur papier vergé, 50 sur papier vélin ou de couleur et 2 sur parchemin.

Œuvres inédites de P. DE RONSARD. Paris, Aubry, 1855. In-16.

Tiré à 300 exemplaires sur papier vergé et à 10 exemplaires sur papier de couleur. Il a été fait un tirage in-fol. à 25 exemplaires.

Œuvres complètes de P. DE RONSARD, publiées sur les textes les plus anciens avec les variantes et des notes. Paris, in-16.

Les deux premiers tomes ont été édités en 1857 et le troisième en 1858 par P. Jannet, le quatrième en 1860 par Pagnerre. La librairie Franck doit achever cette édition qui aura huit volumes. Le cinquième est sous presse.

Tiré à 1,200 ex. sur papier vergé et 12 sur papier de Chine.

Œuvres poétiques de François DE MAYNARD, membre de l'Académie Françoise, etc., réimprimées sur l'édition de Paris (A. Courbé, 1646, in-4), enrichies de variantes, revues et annotées. Paris, J. Gay, 1864. In-18.

Tiré à 100 exemplaires sur papier vergé de Hollande, plus 5 sur papier de Chine et 3 sur peau de vélin.

Un second volume, contenant la vie de Maynard, ses Poésies inédites et Philandre, poème pastoral, va être mis sous presse.